国际私法中的
利益法学

〔德〕阿克塞尔·弗莱斯纳　著

邹国勇　译

Axel Flessner

INTERESSENJURISPRUDENZ IM INTERNATIONALEN PRIVATRECHT

Copyright © 1990 J. C. B. Mohr(Paul Siebeck)Tübingen

根据德国图宾根 J. C. B. 摩尔出版社 1990 年版译出

译者序

阿克塞尔·弗莱斯纳（Axel Flessner，1935－2022）是德国著名法学家，曾任美因河畔法兰克福大学和柏林洪堡大学教授、《欧洲私法杂志》[Zeitschrift für Europäisches Privatrecht(ZEuP)]主编，在德国私法、欧洲私法和国际私法以及比较法领域造诣深厚、著述等身，为国际私法和欧洲私法的发展做出了不可磨灭的贡献。

本书是弗莱斯纳教授反复探究国际私法方法论的成果，在系统阐述美国冲突法革命的代表人物布雷纳德·柯里（Brainerd Currie，1912－1965）的"政府利益分析说"和德国当代著名法学家格哈德·克格尔（Gerhard Kegel，1912－2006）的"国际私法利益论"的基础上，认为这两种学说与现实的国际私法利益相距甚远，因而在司法实践中效果不明显。弗莱斯纳教授致力于现实主义利益法学的发展，认为利益法学应维护当事人的实际利益，解决法律冲突的思维必须以国际私法管辖的实际利益为基础，并提出了"现实主义利益法学"理论。他认为，在解决法律冲突时，应该认真对待利益分析方法，它可以调和理论与实践，将国际私法与一般私法的思维更紧密地联系起来，从而有利于整个国际私法的发展。

由于语言问题，我国国际私法学界对柯里的"政府利益分析说"研究较多，对克格尔的"国际私法利益论"的评述也有两篇学术论文，[①]但对于弗莱斯纳的"现实主义利益法学"知者甚少。本书的翻译和出版，有助于学界进一步认知"政府利益分析说""国际私法利益论"和"现实主义利益法学"，推进我国对国际私法中的利益分析问题的研究深度。

2002年5月底，当我完成硕士毕业论文答辩时，就萌生了翻译克格尔的《冲突法的危机》和弗莱斯纳的《国际私法中的利益法学》这两本著作的想法。2008年，我和当时在上海交通大学凯原法学院任教的萧凯师兄合作翻译的《冲突法的危机》由武汉大学出版社出版。2013年，我和中国政法大学比较法研究院的张彤教授电话联系，表达了翻译《国际私法中的利益法学》的愿望，该书被纳入"德国法学名著翻译计划"。但从事过法学著作翻译的人都知道，译事艰难。更何况这是一部探究国际私法方法论的学术专著，其内容翔实、思维缜密，但语言较为晦涩，要翻译成中文并准确再现作者对国际私法方法论的思考，绝非易事。由于教学繁重、家事琐碎、编辑《中国国际私法与比较法年刊》以及其他学术研究的压力，我个人精力有限而致使翻译进展

[①] 邹国勇：《克格尔和他的国际私法"利益论"》，载《比较法研究》2004年第5期；杜涛：《利益法学与国际私法的危机和革命——德国国际私法一代宗师格尔哈特·克格尔教授的生平与学说》，载《环球法律评论》2007年第6期。

译者序

缓慢,曾无奈放弃此项翻译计划。2020年暑假,当我再次看到摆放在书架上的这本德文原著时,内心深处的翻译欲望又被激发了。绳锯木断,水滴石穿。从2020年7月至2023年12月三年多的时间内,我克服种种困难,终于完成了这部著作的翻译。之后,我遵照商务印书馆学术译著规范,将原著注释中有些简略的文献信息尽量完整呈现,以便读者理解和查证。另外,需要说明的是,本书中所出现的人名、地名翻译,均以商务印书馆出版的《德语姓名译名手册》《法语姓名译名手册》《英语姓名译名手册》以及《外国地名译名手册》为准;注释序号也完全沿用德文版的注释排序。

本书的翻译前后历时十年,而弗莱斯纳教授却于2022年11月26日在美因河畔法兰克福不幸逝世,以致未能在有生之年看到中译本的出版,甚为遗憾。在本书即将付梓之际,我作为译者在深切缅怀弗莱斯纳教授的同时,心中充满着感激之情。首先,感谢恩师黄进教授多年来对我的关心、支持和鼓励,其谆谆教诲常在耳畔,殷殷期许铭记心间。其次,感谢商务印书馆领导对本书选题的赏识,感谢编辑高媛女士的周密安排和精心编辑。再次,感谢林萌博士、博士生汪文璟以及在读硕士生李昱辰、蒋飞兰、孙宇帆、李一腾、姚瑞宁,他们作为本译著初稿的第一批读者,或在文字润色、遣词造句上提出了非常中肯的建议,或在法语、拉丁语翻译方面提供了帮助。最后,感谢自己这么多年坚韧不拔,能在承担繁重的教学研究和《中国国际私法与比较法年刊》编辑工作之余,完成本书的翻译。

由于本书翻译难度较大,加上本人德语水平和学术功底有限,因此书中难免存在错漏与误译之处,恳请各位读者海涵并指正(电子邮箱:zougy@whu.edu.cn)。

2023年仲冬于武汉大学珞珈山别墅群2号楼

目 录

前　言 ………………………………………………… ix
缩略语表 ……………………………………………… xi

第一章　导　论 ……………………………………… 1
第二章　影响报告 …………………………………… 6
　一、柯里：政府利益 ……………………………… 6
　二、克格尔：国际私法利益和国际私法正义 ……… 16
　　　（一）权利平等 ……………………………… 19
　　　（二）"西班牙人案"判决 …………………… 32
　　　（三）德国境内的外国人 …………………… 40
　　　（四）国际私法的立法改革 ………………… 45
　　　（五）小结 …………………………………… 54
第三章　新论据和进一步发展 ……………………… 58
　一、初始情况 ……………………………………… 58
　二、国际私法的使命 ……………………………… 59
　三、进一步发展 …………………………………… 64
　　　（一）原则 …………………………………… 65
　　　（二）利益 …………………………………… 65

（三）各种情势 …………………………………… 69
（四）利害关系方 ………………………………… 73
（五）虚构 ………………………………………… 79

第四章　影　响 ……………………………………… 81
　一、多边性和单边性 ……………………………… 81
　　（一）引言 ………………………………………… 81
　　（二）批判 ………………………………………… 85
　　（三）回顾与区分 ………………………………… 89
　二、正义 …………………………………………… 95
　　（一）主导思想 …………………………………… 95
　　（二）选择性连结因素与有利原则 ……………… 98
　　（三）准据法的内容 …………………………… 102
　　（四）秩序 ……………………………………… 110
　三、当事人的意思表示 ………………………… 117
　　（一）论据 ……………………………………… 118
　　（二）其他观点 ………………………………… 122
　　（三）家庭法和继承法中的当事人意思自治 … 129
　　（四）相对方利益 ……………………………… 131
　　（五）对法院地法的选择 ……………………… 134
　四、法院地法 …………………………………… 137
　　（一）基本观点 ………………………………… 137
　　（二）利益 ……………………………………… 142
　五、反致 ………………………………………… 157
　　（一）论据 ……………………………………… 157
　　（二）利益 ……………………………………… 164

（三）结果 …………………………………… 168
第五章　收　获 …………………………………… 170
　一、利益法学的特别关切 ………………………… 170
　二、国际私法与司法实践 ………………………… 171
　三、国际私法为谁服务？ ………………………… 174

参考文献 …………………………………………… 179
索　引 ……………………………………………… 199

前　　言

本书所阐述的内容,来源于我在法学课堂上的一些思考。法学课堂应该从国际私法必须满足的社会需求出发来阐释国际私法。这种做法几乎必然引起人们对"利益"及其法律处理的关注。

1987—1988学年冬天,我在汉堡的马克斯·普朗克比较私法与国际私法研究所研修。在此期间,我基本上完成了本书初稿的写作;在1989年初定稿之前,我又对书稿做了一些补充。该研究所给我提供了众所周知优越的工作条件以及热情好客的氛围,最终还将本书列入其"学术丛书"。对这一切,我深表感激。

我要感谢我的秘书罗斯维塔·肯普夫(Roswitha Kempf)女士,她将我各种形态的手稿忠实地整理成书稿;感谢我的研究助理、法律硕士曼努埃尔·洛伦茨(Manuel Lorenz)先生在谈话中澄清了思路以及他和埃尔克·维奇尼(Elke Vizzini)女士在控制文字错误率和制作目录方面提供的帮助;最后,感谢我的妻子苏珊·弗莱斯纳(Susanne

Flessner)①所给予的一流编辑技术的支持。

阿克塞尔·弗莱斯纳
1989年6月于美因河畔法兰克福

---

① 苏珊·弗莱斯纳,1931年12月18日出生于德国不来梅,在汉堡学习法律,1961年1月起在汉堡的马克斯·普朗克比较私法与国际私法研究所担任研究助理,主要从事《拉贝尔外国私法与国际私法杂志》(RabelsZ)的编辑工作。1980年7月31日,苏珊·弗莱斯纳离开汉堡,随丈夫来到美因河畔法兰克福,1982—2009年负责《户政杂志》(StAZ)的编委会工作,2022年11月18日在法兰克福去世。——译者

缩略语表

a. a. O.	am angegebenen Ort	（出处）同上
ABl. EG	Amtsblatt der Europäischen Gemeinschaften	《欧洲诸共同体官方公报》
AcP	Archiv für die civilistische Praxis	《民法实务档案》
a. E.	am Ende	在末尾
a. F.	alte Fassung	旧文本
AGBG	Gesetz zur Regelung des Rechts der Allgemeinen Geschäftsbedingungen	《一般交易条件规制法》
Am. J. Comp. L.	American Journal of Comparative Law	《美国比较法杂志》
Art.	Artikel	（法律的）条
BayObLG	Bayerisches Oberstes Landesgericht	巴伐利亚最高地方法院
Bbl.	Bundesblatt (Schweiz)	（瑞士）《联邦公报》
Bd.	Band	卷、册
bearb.	bearbeitet	已编辑的
bes.	besonders	特别地
BGB	Bürgerliches Gesetzbuch	民法典
BG	Bundesgericht (Schweiz)	（瑞士）联邦法院
BGBl.	Bundesgesetzblatt	《联邦法律公报》

BGE	Entscheidungen des Schweizerischen Bundesgerichts, Amtliche Sammlung	瑞士《联邦普通法院民事裁判集》
BGH	Bundesgerichtshof	联邦普通法院
BGHZ	Entscheidungen des Bundesgerichtshofes in Zivilsachen	《联邦普通法院民事裁判集》
BT-Drucks.	Drucksache des Deutschen Bundestages	联邦议院印刷品
BVerfG	Bundesverfassungsgericht	联邦宪法法院
BVerfGE	Entscheidungen des Bundesverfassungsgerichts	《联邦宪法法院裁判集》
Calif. L. Rev.	California Law Review	《加利福尼亚法律评论》
ch.	chapter	章
Colum. L. Rev.	Columbia Law Review	《哥伦比亚法律评论》
DDR	Deutsche Demokratische Republik	德意志民主共和国
ders.	derselbe	同上;同样的人或事
d. h.	das heißt	即;也就是说
D. i. P.	Droit international privé	《国际私法》
Dir. Int.	Diritto Internazionale	《国际法》
Diss.	Dissertation	博士学位论文
DJZ	Deutsche Juristenzeitung	《德国法学家报》
Ebd.	ebenda	（引文）同上
EGBGB	Einführungsgesetz zum Bürgerlichen Gesetzbuch	《民法典施行法》
EheG	Ehegesetz	《婚姻法》
EuGVÜ	(Europäisches) Übereinkommen über die gerichtliche Zuständigkeit und die Vollstreckung gerichtlicher Entscheidungen in Zivil- und Handelssachen	《关于民商事管辖权及判决执行的（欧洲）公约》

FamRZ	Ehe und Familie im privaten und öffentlichen Recht—Zeitschrift für das gesamte Familienrecht	《家庭法大全杂志》
f. , ff.	folgende	以下
FGG	Gesetz über die Angelegenheiten der freiwilligen Gerichtsbarkeit	《非讼事件法》
FS	Festschrift	《祝寿文集》
GBl.	Gesetzesblatt der DDR	《德意志民主共和国法律公报》
GG	Grundgesetz für Bundesrepublik Deutschland	《德意志联邦共和国基本法》
GWB	Gesetz gegen Wettbewerbsbeschränkungen	《反限制竞争法》
Hofstra L. Rev.	Hofstra Law Review	《霍夫斯特拉法律评论》
hrsg	herausgegeben	主编
Hrsg.	Herausgeber	主编
Int. Enc. Comp. L.	International Encyclopedia of Comparative Law	《国际比较法百科全书》
IPR	Internationales Privatrecht	《国际私法》
IPRax	Praxis des Internationalen Privat- und Verfahrensrecht	《国际私法与国际程序法实务》
IPRspr.	Die Deutsche Rechtsprechung auf dem Gebiet des Internationales Privatrechts im Jahre...	《德国××年国际私法判例集》
JuS	Juristische Schulung	《法学教育》
JZ	Juristenzeitung	《法学家报》
Mercer L. Rev.	Mercer Law Review	《默瑟法律评论》

Mich. L. Rev.	Michigan Law Review	《密歇根法律评论》
N.	Note,Fußnote	注释;脚注
NAG	Bundesgesetz betreffend die zivilrechtlichen Verhältnisse der Niedergelassenen und Aufenthalter(Schweiz)	瑞士《关于定居和暂住居民的民法关系的联邦法》
N. C.	North Carolina	北卡罗来纳州
NJW	Neue Juristische Wochenschrift	《新法学周刊》
PStG	Personenstandsgesetz	《民事身份登记法》
RabelsZ	Rabels Zeitschrift für ausländisches und internationales Privatrecht	《拉贝尔外国私法与国际私法杂志》（简称《拉贝尔杂志》）
Rec. des Cours	Académie de Droit International,Recueil des Cours	《海牙国际法演讲集》
red.	redigiert	已编辑的
Rev. crip. d. i. p.	Revue de droit international privé	《国际私法评论》
RG	Reichsgericht	帝国法院
RGRK	Das Bürgerliche Gesetzbuch mit besonderer Berücksichtigung der Rechtsprechung des Reichsgerichts und des Bundesgerichtshofs,Kommentar,12. Aufl. ,1974ff.	特别涉及德意志法院和联邦普通法院判例的《民法典》；评论,第12版,1974年及以后
RGZ	Entscheidungen des Reichsgerichts in Zivilsachen	《帝国法院民事裁判集》
riv. trim. dir. proc. civ.	Rivista trimestrale di diritto processuale civile	《民事诉讼法季刊》
Rnr.	Randnummer	段号
s.	section	节

Schw. Jb. Int. R	Schweizerisches Jahrbuch für internationales Recht	《瑞士国际法年刊》
Stan. L. Rev.	Stanford Law Review	《斯坦福法律评论》
StAZ	Das Standesamt	《户政杂志》
Tul. L. Rev.	Tulane Law Review	《土伦法律评论》
u. a.	und andere, unter anderem	等等
z. B.	zum Beispiel	例如
ZRvgl.	Zeitschrift für Rechtsvergleichung	《比较法学刊》
ZGB	Zivilgesetzbuch	《民法典》
ZPO	Zivilprozeßordnung	《民事诉讼法》
ZRP	Zeitschrift für Rechtspolitik	《法律政策杂志》
ZSR	Zeitschrift für Schweizerisches Recht	《瑞士法杂志》
ZvglRWiss	Zeitschrift für vergleichende Rechtswissenschaft	《比较法学杂志》

第一章 导 论

在国际私法的繁荣时期,它因为才智上的魅力①而备受重视;后来,又有人批判它"社会价值贫乏"。② 这两种观点所提及的国际私法,在适用实体法之前发挥指引法的功能,即通过一系列连结因素和复杂的思维模式,指引适用或者排除适用各国的法律制度,而不论其实质内容如何。长期以来,对国际案件情势的这种法律处理方式引起了诸多不适,而后来的贬损性评价只是其中之一。许多人都在谈论国际私法的"危机",③但严格来说,这不是批判国际私法

---

① 对此,例如诺伊豪斯(Neuhaus):《国际私法的基本概念(第二版)》[Die Grundbegriffe des IPR^2(1976)]第 2 及下页;莫里斯(Morris):《冲突法(第三版)》[The Conflict of Laws^3(1984)]第 8 及下页;荣格尔(Juenger):"国际私法的一般讲义"(General Course on Private International Law),载于《海牙国际法演讲集》(Rec. des Cours)第 193 卷(1985-Ⅳ)第 119—388 页(第 131、262、321 页),都提到了对这种魅力的文学表达。

② 茨威格特(Zweigert):"论国际私法在社会价值上的贫乏"(Zur Armut des internationalen Privatrecht an sozialen Werten),载于《拉贝尔杂志》(RabelsZ)第 37 卷(1973)第 435 及以下诸页。

③ 这种说法主要起始于克格尔(Kegel):"冲突法的危机"(The Crisis of Conflict of Laws),载于《海牙国际法演讲集》第 112 卷(1964-Ⅱ)第 91—268 页。

本身,而是对其理论和方法论的批判。④

过去几十年里,涌现出了诸多关于国际私法理论和方法的构想,其中有一种方法主要关注在处理国际案件情势时必须考虑的各种利益。在欧洲,这种方法是由格哈德·克格尔(自1953年以来)在讲授国际私法的具体利益和适用于这些利益的自身正义时⑤予以阐明的;在美国,布雷纳德·柯里(自1958年以来)在其有关"政府利益"和"利益分析"的理论中⑥也采用了这种方法。

这两种思路都可以被称为利益法学,因为它们都希望通过利益(分析)方法将国际私法从无价值的抽象概念和机械的适用中解放出来。但是,它们俩都不会承认其属于同一个家族这个事实,甚至那些认为看到家族相似性的局外人也会同时注意到这对"姐妹"的相互敌对性。美国人被欧洲人告诫说,柯里的利益分析理论是白日做梦,并且要拆毁国际私法的祖宅;⑦欧洲人则一定会听说,克格尔的利益法学理论是盲目的、僵硬的、空洞的、

---

④ 类似的有舒里希(Schurig):《冲突规范与实体法》[Kollisionsnorm und Sachrecht(1981)]第281、350、353页,但是,他将这一发现解释为更普遍的"法律渊源学说的危机"的一部分。

⑤ 奠基性的是克格尔:"国际私法中的概念法学和利益法学"(Begriffs- und Interessenjurisprudenz im internationalen Privatrecht),载于《汉斯·莱瓦尔德祝寿文集》[FS Hans Lewald(1953)]第259—288页。

⑥ 柯里在一系列论文中阐述了他的理论,其中大部分收录于柯里:《冲突法论文选》[*Selected Essays on the Conflict of Laws*(1963)]。

⑦ 克格尔:"祖宅和梦想之宅"(Vaterhaus und Traumhaus),载于《拜茨克祝寿文集》[FS Beitzke(1979)]第551—573页。

第一章 导 论

苍白的。⑧ "梦想家"比"盲人"（一个奇迹!）更能引起人们，尤其是年轻一代，⑨对另一个阵营的兴趣；与此同时，"梦想家"常常给人以"盲人"根本不存在的印象和感知。⑩

---

⑧ 许多美国人对于传统的指引技术都是这种评价，例如柯里《冲突法论文选》第 52 页写道："法律选择规则是一件空洞的、毫无血色之物。"关于美国学者这种批判的其他说明，参见舒里希：《冲突规范与实体法》第 19 及下页、第 21 及下页。在欧洲，例如 P. M. 古茨维勒（P. M. Gutzwiller）："论国际私法的目的与方法"（Von Ziel und Methode des IPR），载于《瑞士国际法年刊》（Schw. Jb. Int. R.）第 25 卷（1968）第 161—196 页（第 169 及下页、第 175 页）："机械盲目的冲突规范"。

⑨ 例如乔格斯（Joerges）：《论冲突法功能的转变》[Zum Funktionswandel des Kollisionsrechts（1971）]；施耐德（Schnyder）："冲突法中的利益权衡"（Interessenabwägung im Kollisionsrecht），载于《瑞士法杂志》（Zeitschrift für Schweizerisches Recht）第 105 卷（1986）第 101—119 页。其他被提及的还有克格尔："国际私法：基本方法"（Private International Law, Fundamental Approaches），载于《国际比较法百科全书（第三卷）》第三章[Int.-Enc. Comp. L. Ⅲ ch. 3（1986）]第 17 节注释㉕㉖。

⑩ 柯里没有提到现当代欧洲文献，甚至都没有提到拉贝尔（Rabel）在美国撰写和问世的比较法巨著《冲突法（第 1—4 卷）》（*The Conflict of Laws* Ⅰ-Ⅳ）（第 1945 及以下诸页）。总体而言，欧洲的冲突法思想在美国很少被人了解，更不用说与美国潮流有关；明确证实这一点的，例如洛文菲尔德（Lowenfeld）："法学教授们之间的反致"（Renvoi among the Law Professors），载于《美国比较法杂志》（*Am. J. Com. L.*）第 30 卷（1983）第 99—115 页（第 100 及下页）；科恩（Korn）："法律选择革命"（The Choice-of-Law Revolution），载于《哥伦比亚法律评论》（*Colum. L. Rev.*）第 83 卷（1983）第 772—973 页；这也隐含在美国新近的教材中，例如斯科勒思/海（Scoles/Hay）：《冲突法》[*Conflict of Laws*（1982）]第 46 及下页（非常简短的说明）；莱弗拉尔/麦克杜尔/费利克斯（Leflar/McDougal/Felix）：《美国冲突法（第四版）》[*American Conflicts Law*⁴（1986）]（无任何提示）；温特劳布（Weintraub）：《冲突法评论（第三版）》[*Commentary on the Conflict of Laws*³（1986）]（无任何提示）。对此也有所察觉的是克格尔："论国际私法的现状"（Zum heutigen Stand des internationalen Privatrechts），载于《国际私法、国际经济法》[Internationales Privatrecht, Internationales Wirtschaftsrecht（1985）]第 16 及下页。

如今，这一争论已经偃旗息鼓。争论各方都确信自己的观点已得到证实，已各回各家，并且可以礼貌地向对方表示：他们通过争论进行了很好的沟通，受教颇多，但他们各自的观点却也得到了巩固。⑪ 这里被忽视的是一个实际的首要问题：克格尔和柯里所共同关注的，即在冲突法思维中系统地引入利益考量，是否适合以及宜采用什么方式来塑造和运用国际私法？⑫

在此呈献的这部论著，试图重新审视和证明国际私法中的利益法学。对于支持美国和欧洲利益理论的各种论点，不应再予以采纳并让它们相互对立。相反，下一章将首先探讨先前所讲解的每一种利益理论在其所涉领域有多大影响，根据它们各自的条件和目标来看，是成功了还是失败了。⑬

---

⑪ 这本质上是1981年在博洛尼亚举行的关于"现代美国冲突法理论对欧洲法律的影响"研讨会的结果。在会上做报告的有维塔（Vitta）、兰多（Lando）、西尔（Siehr）、哈诺提奥（Hanotiau）、荣格尔、洛文菲尔德、里斯（Reese），这些报告刊载于《美国比较法杂志》第30卷（1982）第1—146页。这种结束辩论的论著还有克格尔的"祖宅和梦想之宅"第572及下页和他的"论国际私法的现状"（同上注）第17页；冯·巴尔（von Bar）：《国际私法：第一卷》[IPR Ⅰ（1987）]第424及以下诸页；菲尔兴（Firsching）：《国际私法导论（第三版）》（1987）[Einführung in das internationale Privatrecht³（1987）]第14及以下诸页；菲尔兴："国际私法的现状"（Der gegenwärtige Stand des IPR），载于《国际私法与国际程序法实务》（IPRax）1985年第125—131页（第125页）。

⑫ 最近还跟进这种研究共性的有德罗布尼希（Drobnig）："对外国强制性法律的遵守"（Die Beachtung von ausländischen Eingriffsgesetzen），载于《诺伊迈尔祝寿文集》[FS Neumayer（1985）]第159—179页（第163—166页）。

⑬ 对于这种讨论的转变，已有论述的是维特赫尔特（Wiethölter）："概念法学抑或利益法学——国际私法和经济宪法中的错误前沿"（Begriffs- oder Interessenjurisprudenz—falsche Fronten im IPR und Wirtschaftsverfassungsrecht），载于《克格尔祝寿文集》[FS Kegel（1977）]第213—263页（第256页）。

结果实质上是否定的。先前所阐述的欧洲式和美国式的利益法学被认为是根本对立的,基本上仍然是无效的。但是,这还不能证明它是无用的。相反,本书的论点是:利益法学不仅是适宜的和正当的,而且是使国际私法与一般私法在思维上更紧密地联系在一起,从而使它摆脱岌岌可危的边缘地位所必需的。但是,相较于克格尔和柯里的构想,本书的论点更认真地对待以利益为前提的思考方式。这种利益法学的构想将在第三章予以论证;第四章将通过分析关键的冲突法问题和数据来展示其产生影响的过程与作用;第五章将论述它整体上对国际私法的贡献。

第二章　影响报告

一、柯里：政府利益

柯里进行"利益分析"的出发点是基于这样一种观念，即一个政治体（国家）通过其法律制度来实现社会目的（"政策"）；法律，包括私法在内，是社会控制的一种手段。因此，在处理涉外案件时，对于其法律可能得以适用的每个国家而言，都会产生这样一个问题，即该国在这种国际情势下对于适用其法律规范来贯彻本国法律政策的理念是否拥有正当利益（政府利益）？在国际关系中，对于是否存在法律适用方面的国家利益，应当从涉及其适用的实体规范中确定，即通过查明和解释其法律政策的目的以及其在具体案件中（"通过通常的释义和解释程序"）合理假设的国际适用范围来确定。

柯里认为，一旦法官依照这种方式认定其本国（法院地国）拥有法律适用上的利益，即便另一国家也同样拥有法律适用上的利益，法官也必须毫不犹豫地适用法院地法律。这是因为：作为国家的司法机关，法官有义务执行其本国的法律政策；倘若法官将本国的这种利益同相互竞争的另一

第二章 影响报告

国家在法律适用上的利益进行权衡,将违背这一职责。即使多个非法院地国拥有法律适用上的利益,法官仍必须适用本国的法律;因为在相互竞争的"政府利益"之间作出抉择是一项重大的政治任务,这已经超越了法院的职责。因此,该法院较好的做法是干脆回溯到其法院地法。根据柯里的观点,适用另一国家的法律只在少数(难以想象的)情况下,即能够确定唯独该另一国在适用其法律方面拥有利益时才会发生。⑭

柯里的利益学说起初在欧洲魅力四射,极具吸引力。⑮但是,人们在对这一学说进行反复探究和深入检视后,发现其存在许多值得诟病之处:该理论强调国家利益(公众利益),而国际私法必然涉及私人利益;相比于他国法,该理论以一种"地方性",即"沙文主义"的方式偏向于本国法;这一理论还试图通过要求对每个案件进行利益分析来阻止所必需的规则的形成;它是为美国国内的情况量身定做的理论,而该国的联邦宪法、共同的语言以及法律文化不仅是各州

---

⑭ 在德语中,关于这一学说及其在实践中的转化的先驱性论述仍然主要是乔格斯的《论冲突法功能的转变》一书。同时还有黑勒(Heller)的《美国国际私法中的现实和利益》一书[Realität und Interesse im amerikanischen IPR (1983),但缺少对实践部分的说明]以及施耐德的"冲突法中的利益权衡"一文。最近对此进行很好总结的有荣格尔:"论法律冲突——对利益分析的批判"(Conflict of Laws—A Critique of Interest Analysis),载于《美国比较法杂志》第 32 卷(1984)第 1—50 页(第 9—13 页),和他的《国际私法的一般讲义》第 215—218 页。对此简短阐述的有舒里希:《冲突规范与实体法》第 23 及以下诸页;莫里斯:《冲突法(第三版)》第 516 及以下诸页;克格尔:"国际私法:基本方法"第 18 节;斯科勒思/海:《冲突法》第 16 及以下诸页。

⑮ 例证参见前文注释⑨。

的联系纽带,还削弱了这一利益分析方法的激进程度。⑯作为美国输出的产物,这一理论是失败的;如今,大多数的欧洲教科书和评论性著作只对该理论进行简要记录或者说明。⑰

不过,该学说在美国的国内市场上却是另外一番景象:在美国革新者(卡弗斯、柯里、艾伦茨威格、冯·梅伦/特劳特曼、莱弗拉尔)提出的众多设想中,"利益分析"长期是该市场的引领者。美国的冲突法理论和实践,至今仍然深受该理论的影响。⑱ 在过去几十年里,没有其他任何一种理论方法在教科书、判例集以及论文文献中被如此广泛地引用和论述。这种利益学说的核心概念(国家政策、利益、虚

---

⑯ 克格尔:"冲突法的危机";克格尔:"祖宅和梦想之宅";雅依梅(Jayme):"论'政府利益方法'的危机"(Zur Krise des „Governmental Interest Approach"),载于《克格尔祝寿文集》第 359—366 页;舒里希:《冲突规范与实体法》第 297 及以下诸页;维塔(Vitta):"美国'冲突法革命'在欧洲的影响"(The Impact in Europe of the American"Conflicts Revolution"),载于《美国比较法杂志》第 30 卷(1982)第 1—18 页;西尔(Siehr),"欧洲的内部关系"(Domestic Relations in Europe),载于《美国比较法杂志》第 30 卷(1982)第 37—71 页(第 55 及下页、第 67 及以下诸页);莫里斯《冲突法(第三版)》第 518 及以下诸页;在这些论文中提到了欧洲文献中的其他负面反应;同样提及的还有荣格尔:"国际私法的一般讲义"第 232 及下页。

⑰ 比如克格尔:《国际私法》[IPR(1987)]第 132 页;冯·巴尔:《国际私法:第一卷》第 429 及下页、第 432 及下页;凯勒/西尔(Keller/Siehr):《国际私法的一般理论》[Allgemeine Lehren des IPR(1986)]第 11 及下页;巴蒂福尔/拉加德(Batiffol/Lagarde):《国际私法:第一卷(第七版)》[D. i. p^7 Ⅰ(1981)]第 242 目。

⑱ 概述性的参见荣格尔:"论法律冲突——对利益分析的批判"第 8 页:"学术界和法官们都接受了柯里的说教,利益分析法从此成为传统的冲突法智慧";出处同上,个别例证见第 13 及下页。

第二章 影响报告

假冲突、无利益的国家)在文献乃至个别问题的探讨中都被采用。许多在文献中被视为法律发展重要阶段的新近判决,(主要或与其他考量因素一起)被证明是对有关国家在法律适用上的具体利益所作的决定。[19]

不过,遭到驳斥的主要是柯里的下列论断,即在发生法律冲突时,法院既没有资格也没有能力去权衡不同国家彼此间在法律适用上的利益,在这种情况下,它们必须诉诸法院地法。但是,这种观点带来的最初结果是:参考文献和某些法院试图在公认的利益学说基础上为这种权衡制定法律准则。[20]

直到最近,才不断有人对"政府利益分析"的内容和概念进行根本性的(和激烈的)批判;[21]批判的效果还有待观察,其激烈程度也不尽如人意,因为"美国的冲突法学充斥着柯里的理论和术语,以至于如果不改变我们的法律语言,

---

[19] 有关判决实践的详细表述,参见乔格斯:《论冲突法功能的转变》第84及以下诸页;霍洛赫(Hohloch):《侵权准据法》[Das Deliktsstatut (1984)]第150页;克兰姆顿/柯里/凯(Cramton/Currie/Kay):《冲突法(第三版)》[Conflict of Laws³(1981)]第201及以下诸页;里斯/罗森堡(Reese/Rosenberg):《冲突法案例与材料(第八版)》[Cases and Materials on Conflicts of Laws⁸(1984)]第487—551页。

[20] "比较损害说"理论,参见巴克斯特(Baxter):"法律冲突与联邦制度"(Choice of Law and the Federal System),载于《斯坦福法律评论》(Stan. L. Rev.)第16卷(1963)第1—42页;凯(Kay):"利用比较损害方法解决真实冲突"(The Use of Comparative Impairment to Resolve True Conflicts),载于《加利福尼亚法律评论》(Calif. L. Rev.)第68卷(1980)第577—617页。有关"权衡理论",详见斯科勒思/海:《冲突法》第18及下页、第24及以下诸页。

[21] 最近详细且系统的论述,参见荣尔尔:"论法律冲突——对利益分析的批判"第25—50页(附有其他例证)。

就无法舍弃这些理论和术语"。㉒

但是,柯里的利益学说曾经(可能乃至如今)在美利坚合众国所产生的巨大影响,只是一种表面上的成功;从事实以及其自身的倾向来看,该理论在美国法律界似乎也是一大失败。要看到这一点,必须追本溯源。其出发点体现在比尔编纂的《第一次冲突法重述》以及冲突法的其他"传统"概念中。柯里认为,这些概念主要探讨的是"形而上的"问题和虚假问题。相比之下,柯里更希望"立足现实",强调应该对跨境案件中的真实利益冲突作出裁决并予以单独考虑。㉓ 而这恰恰是他的理论以及随后的实践所未能实现的。

失败的原因在于该理论本身的假设有问题。这一理论认为,在通过法律规范实现所追求的利益的过程中,私法中也一直存在一种既有的政治体(Gemeinwesen,国家)利益,因此需要确定相关法律规范所追求的目标,以便作出法律上的判决。此外,该理论还认为,这种法律目标的确定也揭示了政治体(国家)对法律规范能保障国际案件情势正常运转的强烈愿望。为了"佐证"这一点,这一理论还提出,每个政治体(国家)首先要为其成员(即柯里所指的"居民")创建和维持法律制度——私法也包括在内,这样一来,如果政治体(国家)适用自己的法律,为每个成员("居民""定居者")实现法律政策目的,那么,在存有疑虑时,它就拥有在国际

㉒ 荣格尔:"论法律冲突——对利益分析的批判"第 50 页。
㉓ 柯里的《冲突法论文选》全书一以贯之,尤其是第 179—187 页有特别清晰的分析。

第二章 影响报告

上执行和实现本国法律目标的共同利益。㉔

这三套关于政治体（国家）利益的假设,使得美国的利益理论失去了现实意义。而从该理论的出发点来看,现实意义实际上正是其主要的关注点。法律目标,尤其是私法中的法律目标,往往不能根据立法者的实际想法来确定,而只能体现在法律规范不断合理化的过程中。有关的法律规范越是古老,这种情况就越真实,当然这也特别适用于由司法判例发展而来的、不成文的法律规范。因此,在大多数情况下,法律目标的确定并非从确定实际的利益现实开始的,而是始于对仅仅是想象的、可能存在的利益的评估,因此法律目标的确定实质上只是一个规范化的过程。

这与实体性法律规范在国际范围内的利益事实没有什么不同。仅在极少情况下,能从私法规范的制定方式中直接推断出其国际适用性;而大多数情况下,这些规范在国际案件中的适用问题上是"完全中立的、答案不在其中的"。㉕不过,由于往往无法确定规范制定者动机的真实性,因此,在与其他法律制度的比较中确定所存在的法律适用利益,最终还是要研究当事各国有多大的权利和义务要求在国际案件中适用其实体法。

最后,倘若每个国家的法律制度（法律政策）通常主要针

㉔ 对这方面解释得特别清晰的是荣格尔"论法律冲突——对利益分析的批判"第11及下页、第39—41页;荣格尔:"国际私法的一般讲义"第216及下页。

㉕ 这样多次被引用的有拉贝尔:《冲突法:第一卷（第二版）》[The Conflict of Laws I^2(1958)]第103页;克格尔:"冲突法的危机"第183页。

对其本国国民,那么该国在处理跨境案件时,将与所有对具体案件所涉的本国国民拥有同样利益的其他国家一同陷入法律适用上的相互竞争,因此这种假设完全是不现实的。大多数的私法案件都有一个共性,即无论双方谁对谁错,国家并非对案件的具体结果存在利益。受到司法保障的国家利益,在私法领域通常表现为"正确地"即依照法律、符合正义地作出判决。当本国法有利于其公民时,美国的"法治"(rule of law)则同欧洲的"法治国家"(Rechtsstaat)一样,在确保国家当局(更不用说宪法)权威的情况下,致力于在国际案件中强化并落实其法律适用利益。因此,假设这样一种法律利益是不现实的,而认为具有合理适用利益的法治国家要在国际上一决高下的想法则更不现实。

在对美国利益学说进行批判时,有观点着重指出了法治国家与私法判决之间的差距。[26] 尤其是欧洲批评界的许多人士认为,这个说法证实了以下观点:美国的利益分析是基于虚假的利益,即基于由国家管理的公众利益而非私人的利益。但是,这些批评并不完全正确。因为不可否认的是:在特定领域和个案中,一个国家的确可以对适用本国法律以及对各个法律争议的诉讼结果拥有利益。这种利益往往通过(公法性和私法性的)强制性立法或者政府对个案的干预得以体现。美国利益理论的一大优势恰恰在于它能够

---

[26] 特别简明的表述是克格尔:"冲突法的危机"第182页;在这方面,国家"承担着法官而非诉讼人的角色";克格尔:"祖宅和梦想之宅"第570及下页;莫里斯,《冲突法(第三版)》第519页。其他的说明,参见荣格尔:"论法律冲突——对利益分析的批判"第29及下页。

将跨境案件中那些值得注意的私人利益和公共利益融为一体。㉗

美国利益理论的弱点在于,在任何情况下,它都认为相关各国在适用本国法律上存在共同利益。这样一来,该理论就偏离了其最初想要实现的现实主义国际私法的目标。这是因为:在绝大多数情况下,实际上无法确定政治体(国家)利益,而只能确定直接当事人的利益。美国的实践想要遵循这一理论,就不得不编造出当事各国(法律制度)的利益,而对于以理论为导向的决策而言,现实并不会因此而改变。㉘

美国的利益学说想要悄悄地脱离利益现实的愿望尚未停止。美国国内的批评已经证实,即使在一国立法制定了明确的法律适用规范(冲突规范)即明确地阐述了其利益立场的情况下,柯里更倾向于忽视或是批判这类声明,用一种不成文的、只能通过对实体规范的解释来确定的"利益"取

㉗ 提及这一点的是乔格斯的《论冲突法功能的转变》第 156 及以下诸页;而对此予以证实的是 E. 雷宾德(E. Rehbinder):"论国际私法的政治化"(Zur Politisierung des IPR),载于《法学家报》(JZ)1973 年第 151—158 页(第 156—158 页)。

㉘ 阐述和评论,参见荣格尔:"论法律冲突——对利益分析的批判"第 33—37 页。为这种实践提供了几个较为激进案例的有文格勒(Wengler):《国际私法》[IPR(1981)]第 119 页注释⑩;雅依梅:"论'政府利益方法'的危机"第 361—366 页;克格尔:"祖宅和梦想之宅"第 559—561 页;特韦尔斯基(Twerski):"诺伊迈尔诉屈纳"(Neumeier v. Kuehner),载于《霍夫斯特拉法律评论》(*Hofstra L. Rev.*)第 1 卷(1973)第 93—182 页(第 104 及以下诸页),节录于马丁(Martin):《冲突法视角:法律选择》[*Perspectives on Conflict of Laws:Choice of Law*(1980)]第 86 及以下诸页。

而代之,并据此构建他的观点。㉙

总而言之,美国利益理论在无法律适用利益的地方看到了法律适用的利益,却在存在法律适用利益之处(甚至在尚未作任何评估之前)否认它们。因此,作为追求现实主义的利益法学,该理论在其自身的理想面前已经失信了。

当然,美国的利益理论针对其自身所关切的问题进行了科学批判,但不可否认的是,这一理论对美国的冲突法思维产生了巨大影响,从而抵消了这种批评。不过,也正是这种影响证明了对于该理论本身再次提出更为强烈的质疑是合理的。现实主义和实用主义是美国人理想的思想观念和生活方式。利益理论旨在使实践更接近于这些理想,而且其创立者布雷纳德·柯里激进生动的写作风格在美国展现了独特魅力,不过这种魅力不能光从学说的内容出发进行解释。㉚ 但是,倘若理论实际上不是经验现实主义的,而是规范性的,甚至在必要的情况下是反现实的,那么实践本身必然会在利益分析的代表者尚未察觉的状态下,不由自主地背离国际案件情势的真实利益,进入一个自认为真实的

㉙ 布里尔迈尔(Brilmayer):"利益分析与神秘的立法意图"(Interest Analysis and the Myth of Legislative Intent),载于《密歇根法律评论》(Mich. L. Rev.)第78卷(1980)第392—431页,尤其是第424及下页。

㉚ 荣格尔:"论法律冲突——对利益分析的批判"第39页:"一种滑稽理论学说的强大诱惑";第46页:"柯里的术语选择得很好。尽管人们可能会质疑他的关键概念具有误导性,但诸如'利益''政策'和'关注'等词却散发出真实的光环"。科恩:"法律选择革命"第812页:"催眠"。马丁:"法律选择问题探索"(An Approach to the Choice of Law Problem),载于《默瑟法律评论》(Mercer L. Rev.)第35卷(1984)第583—593页(第583页):"直觉上的诉求"。

虚拟世界。其结果便是一种虚伪的合理性。在各方当事人的现实利益中作出选择,就相当于在社会的和国家整体的利益之间作出抉择。思想路线偏离了利益现实,但裁判机关和那些希望遵循其先例的人们并未充分意识到这一点,这就增加了法律结果的不确定性。教科书以及文章中所引用的美国法院判决给人的印象极其随意,因为司法判例只审理是否存在跨境执行中的法律目标(政策)和利益,或者干脆忽视这些目标和利益。

最近,美国评论家用激烈的言论描述了这种说理实践的表面性。[31] 时至今日,美国的学者们不得不重新解释,隐藏在对所提利益作出裁决的原因"背后"的"真正"判决内容究竟是什么。[32] 这让我们又回到了最初推举利益理论(以及其他现代美国学说)的不悦状态。

---

[31] 特韦尔斯基:"诺伊迈尔诉屈纳"第 87 页写道:"皇帝身上没有穿任何衣服。"布里尔迈尔:"利益分析与神秘的立法意图","形而上学体系"(第 392 页)、"护身符般的"(第 414 页)。荣格尔:"论法律冲突——对利益分析的批判"第 50 页:"想象中的问题""浅薄的诡辩";荣格尔:"国际私法的一般讲义"一文:"人为的问题"(第 241 页)、"牺牲智力的诚实"(第 251 页)、"诡计"(第 252 页)。从欧洲的视角来看的,例如屈内(Kühne):"20 世纪末期的国际私法"(IPR im Ausgang des 20. Jahrhunderts),载于《拉贝尔杂志》第 43 卷(1979)第 290—314 页(第 307 页):"建设性的模拟争斗"。

[32] 荣格尔:"美国和欧洲的冲突法"(American and European Conflicts Law),载于《美国比较法杂志》第 30 卷(1982)第 117—133 页(第 122 及下页);荣格尔:"论法律冲突——对利益分析的批判"第 46 及以下诸页;荣格尔:"国际私法的一般讲义"第 248 及以下诸页;里斯(Reese):"美国的法律选择"(American Choice of Law),载于《美国比较法杂志》第 30 卷(1982)第 135—146 页(第 136 及下页)。

二、克格尔:国际私法利益和国际私法正义

克格尔所构想的利益法学与美国利益法学的不同之处,在于国际私法必须关注的利益和正义的性质。它并不是要在不同国家(政治体;法律制度)适用其法律规范的利益之间作出抉择,而是要在"个体"即"利害关系方"的正义之间做决定,这其中也涉及实体私法。这不是一个评估与所涉法律制度的实质内容相关的利益问题,而是一个只考虑在适用一种或者另一种法律制度时存在的利益,而不管其内容如何的问题(国际私法利益)。因此,国际私法也不必评估所涉实体法中哪一个在内容上对当事人更好、更公平,而是去援引适用在空间上或者在其他方面与当事人或者案情有最密切联系的法律,并因此使该法律得以"普遍地(即不考虑其内容在个案中的)最佳适用"。㉝ 只有在这样确定准据法的情况下,才能够在其框架范围内寻求实质上(事实上)的正确结果,换言之:"国际私法正义优先于实体私法正义。"㉞

克格尔的利益理论与美国利益学说的主要区别还在于,前者之前在冲突法思维中的存在更不易被察觉。一方面,克格尔的利益理论被描述为"国际私法进一步发展中无可争议的支点",㉟因为它在邻近领域,即国际管辖权和承

㉝ 克格尔:《国际私法》第82页;克格尔:"国际私法中的概念法学和利益法学"第270及下页:"国际私法对实体法中的正义不感兴趣,也对此不负责。"

㉞ 克格尔:《国际私法》第81、82页;克格尔:"国际私法中的概念法学和利益法学"第270及下页。

㉟ 屈内:"20世纪末期的国际私法"一文第310页。

第二章 影响报告

认与执行法中也已经站稳了脚跟。㊱ 另一方面，虽然该理论起初在冲突法（法律适用法）自身的领域内也遭受质疑，㊲但在其他一些教科书中根本没有被提及，㊳实际上它只是作为一种证明方法偶尔出现在文献和司法判例中。㊴

㊱ 突出的是联邦普通法院关于国际管辖权的判决：联邦普通法院（大民事庭）1965 年 6 月 14 日判决，载于《联邦普通法院民事裁判集》(BGHZ)第 44 卷第 46 页。文献有：黑尔德里希(Heldrich)：《国际管辖权和准据法》[Internationale Zuständigkeit und anwendbares Recht(1969)]第 102 及以下诸页；J. 施罗德(J. Schröder)：《国际管辖权》[Internationale Zuständigkeit(1971)]尤其是第 107 及以下诸页；马丁尼(Martiny)："依照本国自主法律承认外国判决"(Anerkennung ausländischer Entscheidungen nach autonomem Recht)，载于《国际民事诉讼法：第三卷》[Handbuch des Internationalen Zivilverfahrensrechts Ⅲ 1(1984)]特别是第 37—63 页。近期论文文献有：巴泽多(Basedow)："《布鲁塞尔公约》中船舶所有人的方便法院"(Das forum conveniens der Reeder im EuGVÜ)，载于《国际私法与国际程序法实务》1985 年第 133—137 页。

㊲ 索嫩贝尔格主编：《民法典慕尼黑评论：第七卷（国际私法导论）》[Münchener Komm. (-Sonnenberger), BGB Ⅶ (1983), Einleitung IPR]段号 59、60；诺伊豪斯：《国际私法的基本概念（第二版）》第 166—170 页。

㊳ 例如：拉佩/施图尔姆(Raape/Sturm)、冯·巴尔、凯勒/西尔。

㊴ 这方面的有穆门霍夫(Mummenhoff)：《国际私法中所在地法的例外》(Ausnahmen von der lex loci im IPR)，载于《新法学周刊》(NJW)1975 年第 476—481 页；安塞/马丁尼(Anasy/Martiny)："法律中的外来工家庭"(Die Gastarbeiterfamilie im Recht)，载于《社会和法律中的外来工》[Gastarbeiter in Gesellschaft und Recht(1974)]第 171—207 页(第 201 及以下诸页)；霍洛赫：《侵权准据法》第 231 及下页、第 234 及以下诸页；蒂梅尔(Thümmel)：《非婚生子女的国际私法》[Das IPR der nichtehelichen Kindschaft(1983)]；"黑尔德里希、克罗伊策和 W. 洛伦茨的专家意见"(Die Gutachten von Heldrich, Kreuzer und W. Lorenz)，载于《有关德国非合同之债的国际私法改革的建议和专家意见》[Vorschläge und Gutachten zur Reform des deutschen IPR der außervertraglichen Schuldverhältnisse(1983)]；K. 米勒(K. Müller)："收养在国际继承法中的继承后果"(Erbrechtliche Konsequenzen der Adoption im Internationalen Erbrecht)，载于《新法学周刊》1985 年第 2056—2061 页（第 2060 页）。在司法判例中，联邦普通法院有关国际婚姻姓氏法的裁决非常明显：联邦普通法院 1971 年 5 月 12 日判决，载于《联邦普通法院民事裁判集》第 56 卷第 193 页。

吕德里茨在1977年的《克格尔祝寿文集》中发表了一篇重要文章,⁴⁰这篇文章在一个重要方面继承和发扬了克格尔的观点。从背景和主旨基调来理解,毫无疑问,这篇文章是对一个尚未充分实现的甚至可能在此期间正逐渐消亡的概念的重新探索。

不过,无论如何,用国际私法实践中的"一般问题"的相关司法判例和文献材料都难以证明克格尔的利益学说的影响,因为这种利益学说(不同于柯里的学说)的提出就是为了使先前的指引规则的制度体系合法化并为其提供支持。当然,在继续实施该制度的地方,比如在德国,这当然也可以在没有明确提及证明方法或理论的情况下发生。相反,一个本质上"肯定的"理论只有在法律或既定判例没有清晰指示的情况下能为解决更为特殊的司法问题提供帮助时,才能证明自己的价值(这也必须是其实际关注的问题)。为了集中论述起见,下文在探讨这些问题时,只限于研究自克格尔提出冲突法利益法学理论以来德国国际私法在过去35年里所面临的"重大"使命。这是基于这样一种假设,即利益法学作为一种方法或理论,应该在重要的、为世人津津乐道的议题上凸显其效用。为下文研究所选取的"重大议题"是:

(1) 国际私法中的男女权利平等;
(2) 联邦宪法法院对于所谓"西班牙人案"的裁决;

---

⁴⁰ 吕德里茨(Lüderitz):"当事人利益中的连结因素"(Anknüpfung im Parteiinteresse),载于《克格尔祝寿文集》第31—54页。

(3) 德国境内的外国人的私法地位;以及

(4) 国际私法的立法改革。

(一) 权利平等

德国《基本法》第 3 条第 2 款规定:"男女权利平等。"与此相反的是德国国际家庭法的规则,该规则对于涉及男女之间的法律关系(婚姻和婚生子女关系)允许适用男方的本国法。

《基本法》要求立法机构在 1957 年 3 月 31 日之前对现行法律进行调整,使之符合权利平等的要求(《基本法》第 117 条第 1 款)。但是,此项调整并未如期进行。随着该期限的届满,(除了相互歧异的实体法之外,)国际私法中那些指引男方本国法的规定也因此不再施行。然而,直到 30 年后,联邦宪法法院和联邦普通法院先后于 1982 年和 1983 年作出裁决,才使得这一法律后果在实践中真正具有约束力。男女权利平等虽然早已成为德国国际私法的主要问题,但其在这一法律领域却在历经了数十年的广泛议论(可能还有普通大众态度的代际变化)之后才最终得以实现。因此,也让我们来看看同样在 1953 年初次登场的利益法学在这漫长的过程中做出了哪些贡献。

探究国际家庭法是否真正符合权利平等要求,以及在假定现行成文法违反宪法和不具有约束力的情况下寻求替代的解决方案,这些都是利益法学考虑问题的出发点。

起初,国际私法因其纯粹的"秩序规范性"而在保障权利平等方面成就斐然:冲突法规则为保证法律的有序适用而规定适用一种或另一种法律制度。但是,与适用另一种法律

(其本国法)相比,女方在适用依照这种方式所指定的法律制度时究竟是处于优势还是劣势,却尚未对此作出任何说明;只有这样,被援引的实体法才能够决定当事人的权利和义务,因此,当平等要求被削弱时,受指责的应当是实体法,而非冲突法——因为冲突法本身就事实结果而言是中立的。[41]

从利益法学的角度来看,这种论点是站不住脚的。克格尔认为,国际私法中的利益法学既是可能的,也是必要的,因为在适用这一或者那一法律制度时,不论其内容如何,都存在当事人利益(国际私法利益);在家庭法中,当事人利益主要产生于个人在通常情况下与其本国法的联系和密切程度。[42]因此,无论男方的本国法在具体案件中或者抽象地对女方有利还是不利,在涉及婚姻事项和亲子关系事项这类典型的案件中,以男方的国籍作为连结因素实则侵犯了与其国籍不同的女方在法律适用上相应的而又与之相互对立的利益。[43]

---

[41] 有关这一论点及其传播的详细信息,参见亨里希(Henrich):"违宪的冲突规范:一场法律上的闹剧?"(Verfassungswidrige Kollisionsnormen—ein Rechtschaos?),载于《拉贝尔杂志》第 38 卷(1974)第 490—506 页(第 490 及下页);克罗弗勒(Kropholler):《通过法官司法实现权利平等》[Gleichberechtigung durch Richterrecht(1975)]第 81—83 页;施陶丁格尔主编、亨里希释义:《民法典施行法(第 10—12 版)》第 19 条,段号 9—11[Staudinger(-Henrich), EGBGB$^{10\text{-}12}$(1979)Art. 19 Rnr. 9-11]。

[42] 克格尔:《国际私法》第 83、276—281 页。

[43] 特别强调与刚刚在利益法学领域得到发展的国际私法正义理念的矛盾的有:吕德里茨:"再论国际婚姻法中的权利平等"(Erneut: Gleichberechtigung im internationalen Eherecht),载于《家庭法大全杂志》(FamRZ)1970 年第 169—177 页(第 170 及下页);G. 菲舍尔(G. Fischer):"国际私法中的权利平等"(Die Gleichberechtigung im IPR),载于《法学家报》1974 年第 661—665 页(第 662 及下页);克罗弗勒:《通过法官司法实现权利平等》第 85 及下页。

第二章 影响报告

因此,将国际私法连结因素作为利益理论的基础会在很大程度上有助于消除有关纯粹的秩序规范性的论点。这一点很快在文献中有所体现,[44]但在司法判例中却没有。直到20世纪80年代,这一论点还沉浸在许多根据备受争议但继续施行的成文法条款所作的判决中。[45]

除了对国际私法中立性的争论逐渐消退之外,此后有关"连结因素混乱"的担忧愈发凸显。应该用哪些规则来取代那些被视为违宪的、无效的规则?有人认为,在国际法律关系中,存在着各种错综复杂的情况,而文献中针对连结规则所提的备选建议数量众多,内容各异,让司法裁判不堪重负;如果按照这种情况去制定规则,则必然引发宪法层面的法律不确定性疑虑,也必然导致"极大的法律混乱"。只有成文法律才能建立必要的秩序,因此,在新的法律规则出台之前,应允许继续适用那些本身被认为违反平等原则的法律规范,(根据《基本法》第20条第3款有关法治国家的规定,)这也是别无选择的事情。[46]

---

[44] 例证参见施陶丁格尔主编、亨里希释义:《民法典施行法第10—12版》第19条,段号12。

[45] 例证参见冯·巴尔:《国际私法:第一卷》第211及下页;施陶丁格尔主编、亨里希释义:《民法典施行法(第10—12版)》第19条,段号9—11;克罗弗勒:《通过法官司法实现权利平等》第81—83页。

[46] 关于这一论点在文献中(批判性)的传播,例证参见施陶丁格尔主编、施图尔姆/施图尔姆释义:《民法典施行法(第12版)》第7条至第11条导论,段号232[Staudinger(-Sturm/Sturm), EGBGB^{12} (1984) Einleitung zu Art. 7-11 Rnr. 232]。

18 “连结因素混乱”㊼具有危险的观点不仅驱动着联邦普通法院，㊽还在主流评论著作中广泛传播，㊾甚至在很长一段时间内主导了整个审判实践。㊿ 仅此一点，再加上它数十年的影响，就可以清晰地看出，利益法学在德国国际私法变革的这一关键时期没有发挥任何作用。这是因为，利益法学作为理论和方法论，应该提出摆脱困难处境的方式和方法（即便没有它，人们也能依据法律条文或裁判惯例处理“简单”的案情）。当学说和实践为了避免法律混乱，宣称不允许出现违宪的法律，或者不允许把它们当作违宪的法律时，就意味着它们是准备不充分的、无能为力的。(51) 换句话

㊼ 帕兰特主编、黑尔德里希释义：《民法典（第 41 版）：第 17 条评注 2a》[Palandt(-Heldrich), BGB[41] (1982) Art. 17 Anm. 2a]。对此进行深入探讨（理解透彻）的，参见亨里希：“违宪的冲突规范：一场法律上的闹剧？”第 490 及以下诸页。

㊽ 这方面被多次引用的联邦普通法院 1954 年 1 月 18 日的判决，参见《德国 1954/55 年国际私法判例集》(IPRspr, 1954/55) 第 90 号＝《新法学周刊》1954 年第 837 页。

㊾ 具有代表性的是帕兰特主编、黑尔德里希释义：《民法典（第 41 版）：〈民法典施行法〉第 7 条前评注 15》[Palandt (-Heldrich), BGB[41] vor Art. 7 EGBGB Anm. 15]；索嫩贝尔格主编：《民法典慕尼黑评论：第七卷（国际私法导论）》段号 72 及以下。

㊿ 例证参见施陶丁格尔主编、施图尔姆/施图尔姆释义：《民法典施行法：第 7 条至第 11 条导论》段号 232。亨里希：“违宪的冲突规范：一场法律上的闹剧？”第 492 页注释⑦；克罗弗勒：《通过法官司法实现权利平等》第 82 及以下诸页。

(51) 施陶丁格尔主编、施图尔姆/施图尔姆释义：《民法典施行法：第 7 条至第 11 条导论》段号 233 结尾部分：“德国学说和司法裁判的极度无能。”荣格尔：“国际私法重新定向的可能性”(Möglichkeiten einer Neuorientierung des IPR)，载于《新法学周刊》)1973 年第 1521—1526 页（第 1523 页）：“悲哀地承认司法的不确定性。”

说，面对这种困难的情况，既没有可行的理论和方法，也没有可供参考的利益法学理论。否则，人们怎么会因为自己的无能而无视被宪法承认为基本利益的女性平等利益？

克格尔是那些相信“法律确定性”而寄希望于立法者的人之一，因为依照现行法，是很难找到实现国际私法上权利平等的“正确路径”的。(52) 他自己并不认为他所提出的利益 19
法学是一种能够通过判例和学说用来解决平等权利问题的方法。那么也就自然可以理解，在德国国际私法史上的这一阶段，利益法学的作用无从考证。

利益法学在利用冲突法来处理权利平等要求时缺席，这一点在讨论替换违宪冲突规则的替代连结因素时也同样明显。在利益理论的观点基础上，必然会发生什么呢？克格尔曾描述如下：

> ……要有意识地将利益的确定、评价和权衡作为法律工作的中心……只有这样，才能说是利益法学……(53)

在任何地方，都不会为了制定替代解决方案而明确作

---

(52) 这种观点的还有克格尔主编：《泽格尔民法典第八卷（1984 年第 11 版）：〈民法典施行法〉第 7 条前评注》[Soergel(-Kegel), BGB Ⅷ^{11} (1984) vor Art. 7 EGBGB]段号 8 结尾处；同样如此的有克格尔：《国际私法（第五版）》[IPR^{5} (1985)] 第 449 页。

(53) 克格尔：“国际私法中的概念法学和利益法学”第 261 页。

出这样的规划，就算有，也是隐匿地进行的。(54) 相反，更为主流的观点是：现行的规范标准，只要不直接涉及平等要求问题，就应该得到维护，并且要把它作为鼓励制定替代解决方案的制度，以填补宪法的漏洞(55)。主流观点认为，以国籍作为连结因素是国际家庭法不变的核心原则，而少数人则认为它同居所地原则相重合。(56) 因此，制定替代解决方案
20 的关键在于，人们是否会从尊重某一原则的权威出发，如果遵循的是国籍原则，那么能否从中得出拟议的解决方案，无论如何它至少得看起来与该原则相一致，或者至少保证背离该原则没有超过必要的限度。

这种法律思维的精髓体现在联邦普通法院于 1982 年和 1983 年所作的两项判决中。联邦普通法院最终承认，在离婚案中指引适用丈夫的本国法是有违宪法的，并依照以下原则建立了新的连结因素体系：(57)

---

(54) 例外：吕德里茨在“再论国际婚姻法中的权利平等”这篇文章中多次提到了“冲突法上的利益”。施图尔姆：“论德国国际私法中的权利平等”（Zur Gleichberechtigung im deutschen IPR），载于《比较法和法律统一化》[Rechtsvergleichung und Rechtsvereinheitlichung（1967）]第 155—178 页，这篇文章虽然没有采用利益法学方法，但在第 168 及以下诸页以当事人利益这种明显的方式证明了他建议在国际婚姻法中允许法律选择的依据。

(55) 对这种思想进行清晰总结并提供了其他文献证明的有 G. 菲舍尔：“国际私法中的权利平等”第 664 页。

(56) 克罗弗勒：“从国籍原则到居所原则”（Vom Staatsangehörigkeits- zum Aufenthaltsprinzip），载于《法学家报》1972 年第 16—17 页；诺伊豪斯：《国际私法的基本概念（第二版）》第 218 及以下诸页、第 232 及以下诸页。

(57) 联邦普通法院 1982 年 12 月 8 日的判决，载于《联邦普通法院民事裁判集》第 86 卷，第 57 页；1983 年 6 月 8 日的判决，载于《联邦普通法院民事裁判集》第 87 卷；第 359 页。

> 取代《民法典施行法》第17条第1款中以丈夫的本国法为连结因素的违宪规定，必须以现行法为准则，首先以该条款的其余部分符合宪法并以现行冲突法的结构要素为导向。从这两个方面来看，我们必须尽可能地考虑国籍原则……因此，离婚的准据法首先要考虑的也是当事人的国籍和夫妻双方的共同国籍，不过对于这一点，《基本法》第3条第2款是不予承认的。如果没有共同国籍，应当考虑现行冲突法中占主导地位的国籍原则，并在适当情况下追溯到以前的共同国籍。只有在共同国籍或者以前的共同国籍不能作为连结因素时，才应该采取其他解决方案。(58)

联邦普通法院认为，维护不受宪法直接影响的规范体系是极其重要的，当时的《民法典施行法》第17条第3款虽然原本只是一条特别规定，却被赋予了支撑体系的功能。该条款规定，对于德国妻子提出的离婚请求应以德国法为准，这弱化了《民法典施行法》第17条第1款所规定的丈夫优先地位；在丈夫的优先地位被宣布无效之后，该规定也变得不可替代。另一方面，出于权利平等的考虑，联邦普通法院在核心事项上将其扩展为一般原则，但却未对此作出进一步解释：根据“调整德国人和外国配偶之间婚姻的现有规

(58) 《联邦普通法院民事裁判集》第86卷第66、67页。

21 则的结构要素以及符合宪法的其余条款部分”(59)的规定，不得剥夺德国夫妻双方（妻子或丈夫）在申请离婚和评估离婚后果时适用其本国法的权利。

在作出这种令人惊诧的赞赏的同时，联邦普通法院创建了“它的”由三部分组成的国际离婚案件的连结因素体系。首先，应以夫妻双方的共同国籍为准；其次，夫妻双方现有的或以前的住所地；最后，若有一方当事人是德国人，则又以德国国籍为准。(60) 联邦普通法院称，所有这三点都来源于《民法典施行法》第 17 条中“符合宪法的其余条款部分”和现行冲突法的结构要素。对（已由历史上的立法者评估过或者当今立法者必须评估的具体当事人和典型当事人的）“利益进行确定、评价以及权衡”，(61)无法在对这一体系进行巧妙的抽象论证中体现。(62) 在冲突法专家对这些判决所作的众多评论中，也基本上未提及这

---

(59) 《联邦普通法院民事裁判集》第 87 卷第 365 页。

(60) 由此产生的法律状况的细节，例如帕兰特主编、黑尔德里希释义：《民法典（第 45 版）》：第 17 条评注 2［Palandt（-Heldrich），BGB[45]（1986）Art. 17 Anm. 2］。

(61) 参见克格尔：“国际私法中的概念法学和利益法学”第 261 页。

(62) 尽管在这两项判决中至少有一项是合理的。将“国籍原则”这一结构性要素坚持到最后一刻（先前的共同国籍），将导致一位奥地利丈夫的 62 岁（美国）妻子在德国结婚并生活多年后享受不到法定养老保险金。判决理由只认为这是社会保障法的漏洞，却不认为这是国际私法的连结因素问题；《联邦普通法院民事裁判集》第 86 卷第 70 及下页。关于利益视角下可能进行的冲突法上权衡，参见注释(267)之后的文字。

一点。(63)

这里,对于冲突法上的权利平等在三十年发展中所采取的立场以及在这个过程中最终产生的规则,我们不进行内容上的评价。相反,最根本的问题是:利益法学此时究竟在多大程度上发挥了作用?综上所述,该问题的答案是:在探究妻子利益是否会由于以丈夫的本国法作为连结因素而受到影响的问题上,利益法学也许发挥了作用。然而,系统思维是主导因素,而且几乎是决定替代连结因素发展的唯一因素。主流观点认为,没有任何一个拟议的解决方案能够用具体当事人的利益来证明其合理性,从历史上的立法者对利益的抽象评估以及其适用于新形势的角度来看,也 22

(63) 黑尔德里希:“法院裁决对国际家庭法的改革”(Reform des internationlen Familienrechts durch Richterspruch),载于《家庭法大全杂志》1983年第1079—1089页;雅依梅:“论混合国籍的外国人离婚准据法的新规定”(Zur Neubestimmung des Scheidungsstatuts für gemischtnationale Ausländerehen),载于《国际私法与国际程序法实务》1983年第221—223页;奥托(Otto):“评联邦普通法院1982年12月8日的裁决”(Anmerkung zu BGH 8. 12. 1982),载于《新法学周刊》1983年第1262—1263页;冯·巴尔:“宪法审查下的国际婚姻法”(Das Internationale Eherecht auf dem Prüfstand der Verfassung),载于《新法学周刊》1983年第1929—1936页(第1932页);拜茨克(Beitzke):“论家庭法领域冲突法的逐步消除”(Sukzessive Demontage familienrechtlichen Kollisionsrechts),载于《国际私法与国际程序法实务》1985年第268—272页;E.洛伦茨释义:《慕尼黑民法典评注》补充卷(1984):《民法典施行法》第17条[Münchener Komm. (-E. Lorenz) Ergänzungsband 1984, Art. 17 EGBGB]段号79。具有批判性的只有吕德里茨:“评联邦普通法院1983年6月8日的判决”(Anmerkung zu BGH 8. 6. 1983),载于《法学家报》1984年第142页:“联邦普通法院故意对国际私法视而不见”,从家庭法和社会法角度强烈反对的有格平格尔(Göppinger):“离婚后果的准据法和养老金补偿”[Scheidungs(folgen) statut und Versorgungsausgleich],载于《家庭法大全杂志》1983年第777页。

没有任何一个解决方案是合理的。重要的是,要一定程度上保障和维持"体系"的兼容性,这在很长一段时间内被当作反对冲突法上的权利平等的障碍,后来它还被视为解释限制替代方案中"许可"内容的理由。

然而,根据这一发现,人们也许会问:在解决因平等权利要求而产生的规范形成问题上,利益法学能否成为一种合适的方法?因为正如其创始人菲利普·黑克(Philipp Heck)所言,利益法学的方法是以既定的、成文的法律规范为导向的。在难以裁判的疑难案件中,这种方法应该唤醒人们受立法者在规范措辞中所表达的利益评价约束的意识,并利用规范的"原本"的判决内容用于决定亟待解决的具体利益冲突(通过"适用"或"不适用"法律——这取决于立法者所假定的利益情况与具体利益情况的可比性)。[64] 人们能指望这样一种方法来解决因规范的废除或者说不(复)存在而产生的问题吗?

---

[64] 黑克(Heck):"制定法解释与利益法学"(Gesetzesauslegung und Interessenjurisprudenz),载于《民法实务档案》(AcP)第 112 卷(1914)第 1—318 页;黑克:《法律获得问题(第二版)》[Das Problem der Rechtsgewinnung² (1932)]。黑克这些主要著述(稍作压缩后)和相关评论收录于《关于法律理论和方法的研究和文本(二)》[Studien und Texte zur Theorie und Methode des Rechts Ⅱ(1968)];黑克公开发表的其他(短篇)作品,收录于《利益法学》[Interessenjurisprudenz(1974)]。对黑克的利益法学进行较好总结和分析的有:埃尔沙伊德(Ellscheid):"利益法学导论"(Einleitung zu: Interessenjurisprudenz),出处同上,第 1—13 页;比德林斯基(Bydlinski):《法学方法论和法学概念》[Juristische Methodenlehre und Rechtsbegriff(1982)]第 113—123 页;拉伦茨(Larenz):《法学方法论(第五版)》[Methodenlehre der Rechtswissenschaft⁵(1983)]第 48—58 页。

利益法学这种学说本身就给出了答案。对黑克来说，问题不仅在于某一特定规范的内容令人生疑，而更多的恰恰是法律中的漏洞，他希望借助隐藏在法律整体情况背后的利益评价来解决这一问题。正如克格尔明确强调利益法学要以国际私法为导向那样，黑克认为，补充和进一步形成既定规范间的种种内在联系，也属于利益法学方法的正当活动领域。⑥ 一般认为，自1953年以来就存在着一个法律漏洞（并非完全的法律真空），因为《民法典施行法》中的国际家庭法作为一个整体还没有被废除，以国籍作为连结因素的体系也尚未被普遍消除，而只是以丈夫的国籍作为连结因素的做法被宪法所打破，妻子的利益也因此受到影响。

以联邦普通法院对《民法典施行法》第17条的看法为例，主流观点试图通过系统思维，而不是通过利益研究的思维方式来填补这一漏洞，其目的在于尽快、尽可能地继续稳定与国籍的联系。根据利益法学的方法，问题应该至少有所不同：当丈夫和妻子具有不同国籍而产生利益冲突时，历史上的立法者是否用他的规范来评判与冲突法上的利益冲突相类似的利益状况？当立法者发现这种利益冲突时，他是否也会毫无疑问地继续选择国籍作为连结因素，或者同联邦普通法院和主流观点那样认为这在体系上是必要的？对这一问题提出质疑是不难理解的，因为历史上的立法者并没有普遍地将国籍作为连结因素，而主要是确定了德国

---

⑥ 黑克：“制定法解释与利益法学”第157及以下诸页、第224及以下诸页；克格尔：“国际私法中的概念法学和利益法学”第279页；同样如此的还有舒里希：《冲突规范与实体法》187页。

国籍作为连结因素时所带来的冲突法后果。⑯ 还有人可能会问:当立法者发现,在男女双方国籍不同的大多数情况下,如果国籍原则根本不能以合法的方式实施,而只能通过诉诸其他连结因素(主要是住所地)来削弱,那么国籍原则对他而言还会如此重要吗?⑰

也许有人会在利益法学的考察中得出这样的结论:历史上的立法者没有看到也不可能看到因男女国籍不同所产生的利益状况,因为他自然而然地就从父权制出发来理解婚姻。基于这样的理解,不仅很难想象到男女之间在冲突法上的利益冲突,也会不加质疑和思考地从有利于丈夫的本国法的角度去评判这种利益冲突。在这种情况下,历史上的立法者就无法对利益进行评估。根据黑克的构想,这将会出现"认知上的差距",而他所构想的利益法学会在缺乏立法上可循的利益评估标准的情况下达到极限。对于这种情况,黑克建议采用受到普遍认可的价值观,最终进行"自主评价"。⑱

在这种情况下,如今人们更愿意看到"评价法学"(Wer-

---

⑯ 当时作出决定的历史,参见冯·巴尔:《国际私法:第一卷》第 416 及以下诸页;克格尔:《国际私法》第 134 及下页。关于当时对连结因素作出决定的问题性质及其在利益法学方面的评价,详见下文注释㉑—㉕。

⑰ 凯勒/西尔指出这种弱化效应(第 304 页):"混合籍婚姻和多国籍婚姻的增加,使国籍作为一种连结因素的价值下降……有必要采用共同住所或经常居所……然而,国籍原则的例外情况所占比重越多,这一原则迄今为止所要实现的价值,即在所有国家都遵循国籍原则对同一案件情势进行统一裁判,就会丧失越多。"

⑱ 黑克:"制定法解释与利益法学"一文第 238 及下页。

tungsjurisprudenz)活动领域和体现其必要性的证据——然而这种评价法学显然以早期的利益法学为基础,因此,无论如何,目前亟须评判的、典型的、具体的利益,以及因"它们之间的冲突而引发的调整问题",⑲至少需要同样认真去对待。较之于早期的利益法学,评价法学的进步之处主要在于,它除了进行历史上所作出的评价之外,还有意识、有节制地使用目前法律上认可的价值标准(法律原则)(特别是那些处于具体相关法律之外、在法律制度中能找到的价值标准)来评判当今所需的利益以及法律发展。⑳ 因此,当人们假设历史上的立法者根本没有考虑的利益状况与今天应调整的利益状况相类似时,那么,尽可能广泛地援引被宪法所打破的成文法联系体系的其余部分,就不能被视为利益法学或者评价法学的体现。

  关于司法判例和主流观点是否必须在利益法学方法中提出其他不同的解决方案,现在无须进一步探究,原因在于新的国际私法立法已经使这一过程成为历史。这里只对该方法进行总结性的说明:为了处理德国国际私法中的男女权利平等问题,利益法学(及其衍生物"评价法学")已经准备就绪,甚至为国际私法重换了新装;但是,在至关重要的发展阶段,其被采用的可能性微乎其微。

---

  ⑲ 比德林斯基:《法学方法论和法学概念》第 127 页。
  ⑳ 关于"评价法学",参见比德林斯基:《法学方法论和法学概念》第 123—139 页。

(二)"西班牙人案"判决⑦

26　　联邦宪法法院的这一判决"可能是 20 世纪德国关于国际私法最重要的判决"。⑦ 冲突法专家认为,它在激活与国际私法基础要素相关的基本权利方面具有重要意义,即(1)冲突法上的连结因素应与基本权利充分保持一致;(2)在适用冲突法所援引的外国法时也应尊重基本权利,并在个案中限制或排除外国法的适用。⑦ 然而,人们也完全可以将该判决视为一种过时的利益法学行为,不过冲突法专家们对这种行为既不作任何要求,也未予以承认。

抽象地说,所涉及的问题是:当德国作出的离婚判决在有缔结婚姻意愿的男方/女方(或者双方)的本国不被承认时,在德国依法有效离婚的人能否在德国缔结新的婚姻?具体而言:一个在德国离婚并信仰新教的德国妇女,想要和一个在德国居住了几年并且不再信仰天主教的西班牙男人

---

⑦　联邦宪法法院 1971 年 5 月 4 日判决,载于《联邦宪法法院裁判集》(BVerfGE)第 31 卷第 58 页=《拉贝尔杂志》第 36 卷(1972)第 145 页。
⑦　冯·巴尔:《国际私法:第一卷》第 210 页。
⑦　有关该判决的大量文献证明,参见施陶丁格尔主编、冯·巴尔释义:《国际婚姻法(第 12 版)》:第 13 条前的评注[Staudinger (-Von Bar), Internationales Eherecht¹²(1983)vor Art.13]段号 129;施陶丁格尔主编、施图尔姆/施图尔姆释义:《民法典施行法》:第 7 条至第 11 条前导论[Staudinger (-Sturm/Sturm)Einleitung vor Art. 7-11]段号 230、232、234,以及米勒—弗赖恩菲尔斯(Müller-Freienfels):"争议中的离婚者:'西班牙人结婚'案"(„Spanierheiraten" Geschiedener im Meinungsstreit),载于《克格尔祝寿文集》第 55—98 页对该问题的全面分析。

结婚。然而，根据当时遵循天主教教会法的西班牙法律，⑭基督教徒的每一桩婚姻都是无法解除的，因而从西班牙法的角度来看，德国的这项离婚判决并没有解除该妇女的前段婚姻关系。⑮所以，从西班牙法的角度来看，构成缔结另一段婚姻障碍的是女方当事人存在双重婚姻的风险，并且西班牙人即使在国外也无法有效地缔结这种婚姻。

根据《民法典施行法》第13条第1款（旧文本，该条款的现行文本虽内容相同，但措辞上更加明确清晰）规定，对于各方当事人而言，缔结婚姻的前提条件依照其国籍国法律判断。据此，这一点应予以尊重，即这个西班牙男人根据其本国法中关于禁止重婚的规定不得与该德国妇女结婚。但是，如果德国作出了离婚判决，适用该条款就会受到质疑，因为从德国的角度来看，之前的婚姻关系已经由该判决解除，因此对双重婚姻的担忧是毫无根据的。于是，人们必须解决现有规范的问题，但其在具体案件中

---

⑭ 在这期间有所变化，参见拉乌（Rau）："西班牙新国际家庭法"（Neues spanisches Internationales Familienrecht），载于《国际私法与国际程序法实务》1981年第189—192页；克奈普（Kneip）："新西班牙法律中的离婚"（Die Ehescheidung im neuen spanischen Recht），载于《家庭法大全杂志》1982年第445—450页。

⑮ 在本案中，德国司法当局是从西班牙的观点出发的，但情况（至少在联邦宪法法院作出裁决时）可能不再是正确的了；所以（有所质疑）的有诺伊迈尔（Neumayer）："论西班牙人与已离婚的德国人之间的民事婚姻"（Zur Zivilehe eines Spaniers mit einer geschiedenen Deutschen），载于《拉贝尔杂志》第36卷（1972）第73—92页；以及（确定有）其他材料的米勒-弗赖恩菲尔斯："争议中的离婚者：'西班牙人结婚'案"第59—68页。

的意义值得我们怀疑——而这恰恰是利益法学的"经典"案例。根据黑克的说法,利益法学是以阐明规范为首要导向的。

如果我们回过头来看"西班牙人案"中利益的确定、评价和权衡,首先需要注意的是,双方当事人在缔结婚姻方面具有一致利益。一项或许始终存在的德国公众(以及离婚双方当事人)的利益对此做了补充,即这里作出的一项判决完全在德国(也尽可能在国外)被"承认"。与之相对的是避免出现"跛脚婚姻"的利益。"跛脚婚姻"指的是为德国所承认,但在外国配偶的本国(或许也还在其他地方)却得不到承认的婚姻。这种利益实际上也是结婚当事人双方本身的(也可能是婚生子女的)利益;然而,如果双方当事人自己目前有推迟结婚的打算,应当将其申请提交给户籍登记员和法院,因为户籍登记员和法院必须根据外国当事人的本国法,依职权对当事人的结婚条件进行审查(《婚姻法》第10条)。但是,不论当事人利益如何,也有可能存在公众利益,即保证婚姻制度不会被国际上有缺陷的婚姻效力所削弱。最后,有必要注意的是西班牙立法中所表达的西班牙利益,那就是:即使在外国结婚,也要让其国民和婚姻制度受打上教会烙印的西班牙婚姻法的约束,以防止重婚。

对于这些利益的评价,旧文本的《民法典施行法》第13条第1款似乎重合了双方当事人的本国法,而且该规定首先清晰地表明,立法者已经肯定了避免出现"跛脚婚姻"的利益并决定尊重外国立场。⑯ 另一方面,《民法典》"家庭法"编和《婚姻法》都始终隐含有缔结婚姻的权利,即原则上对结婚利益予以肯定的评价。此外,可以在不考虑被外国承认的情况下作出离婚判决(在德国人之间离婚的情况下必然如此)。这一事实进一步表明,立法者(在这种情况下不言而喻)的决定确保了离婚判决在德国的完全效力和在外国的最大限度的有效性。

现在需要权衡的是:一方面尊重外国完全否定德国所作离婚判决的行为,另一方面又裁决该判决至少在德国具有排他性,这两者是相互排斥的。一方面,防止出现"跛脚婚姻"的利益应给予积极的评价;另一方面,结婚利益同样应予肯定,即一方面是救济和制度保护,另一方面是当事人各方的自我责任和共识,这二者之间的矛盾仍然是冲突的核心。为了在这种冲突中作出权衡,有必要根据历史上的立法者的书面意愿以及当前法律制度的整体评价结构,去制定一个具有合法基础的标准。

在联邦宪法法院作出裁决之前的发展过程中,这种明确的利益法学考量几乎没有发挥任何作用。联邦普通法院根据户籍登记员和州高等法院的普遍做法,作出了防止出现

---

⑯ 现行文本的第 13 条第 1 款也是如此;参见《〈重新规定国际私法的法律〉(政府草案)论证说明》(Die Begründung zum Regierungsentwurf),联邦议院第 10/504 号印刷品,第 52 页[=皮龙(Pirrung),《〈重新规定国际私法的法律〉生效后的国际私法和国际程序法:文本、材料和说明》(Internationales Privat- und Verfahrensrecht nach dem Inkrafttreten der Neuregelung des IPR [1987])第 138 页],不过该条第 2 款对这里所处理的问题进行了修改。

"跛脚婚姻"的判决,却根本没有考虑与其相对的结婚利益。⑰ 不过,即使像克格尔这样赫赫有名的对这一解决方案进行批判的人士,⑱也没有从利益法学的角度,而更多地从法律性质和体系结构来进行论证:德国法院和当局是否必须遵循德国具有法律约束力的离婚判决,这并不是国际私法的问题(《民法典施行法》第 13 条第 1 款),而是程序法的问题,所以,要像所有程序措施事项一样,根据法院地法即德国法来确定。或者说:前一段婚姻是否有效解除,"是"在依照《民法典施行法》第 13 条第 1 款审查婚姻前提条件时所提出的一个"先决问题",因此,根据主流观点,应单独地根据《民法典施行法》第 17 条来确定连结因素——该条款同样也指向德国法律。此外,公共秩序(旧文本的《民法典施行法》第 30 条)和《基本法》也在其中发挥了作用。⑲

只有最后受理案件的联邦宪法法院经历过如何从利益法学的角度来处理这个问题——现在当然是要以遵守宪法为前提。法院从被《基本法》第 6 条作为基本权利予以保障

---

⑰ 联邦普通法院 1964 年 2 月 12 日判决,载于《联邦普通法院民事裁判集》第 41 卷,第 136 页。在该判决中驳回了对结婚利益的考量,理由是从一开始就应该在法定的婚姻前提条件的框架内予以遵守,其中包括应适用的外国法律所规定的前提条件,出处同上,第 150 页。因此,冲突法上的结果是可以预见的,因为外国法律在这方面是否适用,只能从利益法学的角度完全通过利益权衡来确定。

⑱ 详见克格尔/吕德里茨(Kegel/Lüderitz):"尽管在德国离婚,但仍构成外国人的婚姻障碍?"(Hindernis des Bandes für Ausländer trotz Scheidung in Deutschland?),载于《家庭法大全杂志》(1964)第 57—60 页。

⑲ 附有例证的跟踪讨论,参见《联邦宪法法院裁判集》第 31 卷,第 62 页及以下[=《拉贝尔杂志》第 36 卷(1972)第 148 页]。

的结婚权出发,来探寻这项基本权利在国际案件中应受到冲突法及其所援引的外国实体法的哪些合理限制。[30] 在这一过程中,法院成功地在当事人的结婚利益与构成婚姻障碍的利益之间进行比较和权衡,这种具有明确性、直接性且多样性的比较和权衡,在冲突法学家之前进行的讨论中是没有出现过的。[31] 在这种特殊情况下,权衡的结果有利于实现结婚自由。

然而,联邦宪法法院在这里为国际私法所践行的利益法学却并没有得到承认,或许是因为它(对法院来说是必需的)被纳入了宪法性法律的范畴。正是这一宪法方面的问题让冲突法专家感到担忧。这一裁决在一定程度上受到欢迎,被认为是国际私法领域早该实现的"基本权利的突破",[32] 其他人则担心国家基本权利意识一旦过度则会导致

---

[30] 《联邦宪法法院裁判集》第 31 卷,第 58 页(第 67 及以下诸页、第 78 及以下诸页)[=《拉贝尔杂志》第 36 卷(1972)第 151 页及以下、第 159 页及以下]。

[31] 《联邦宪法法院裁判集》(出处同上,第 83—85 页)[=《拉贝尔杂志》(出处同上,第 160—162 页)。

[32] 这方面主要是施图尔姆:"涉外案例中对基本权利的突破"(Durchbruch der Grundrechte im Fällen mit Auslandberührung),载于《家庭法大全杂志》(1972)第 16—22 页;施图尔姆:"西班牙人在德国的离婚和再婚"(Scheidung und Wiederheirat von Spaniern in der Bundesrepublik),载于《拉贝尔杂志》第 37 卷(1973)第 61—79 页。同样值得赞赏的是 K. 米勒"作为诉讼上先决问题的德国离婚判决和外国公共秩序"(Deutsches Scheidungsurteil als prozessuale Vorfrage und fremder ordre public),载于《拉贝尔杂志》第 36 卷(1972)第 60—72 页;西尔:"结婚自由的基本权利和国际私法"(Grundrecht der Eheschließungsfreiheit und IPR),同一出处,第 93—115 页;冯·巴尔:"宪法审查下的国际婚姻法"一文第 1930 及下页。

国际私法土崩瓦解。㉝但是，从这个角度来看，我们无法清楚地辨别，宪法法院所践行的利益法学本可以甚至必须发生在国际私法本身的单一法律层面上，只要人们在这一过程中足够清晰地阐明，禁止离婚的外国法律试图阻却在国内离婚后的再婚行为，所造成的主要问题并不是国际私法中的结构和等级顺位问题，而是它已成为许多人眼中的正义问题。因此，在这项"公益事业"(*cause célèbre*)中，联邦宪法法院不仅充当了利益法学的示范者，而且还充当着正义的守护者，扮演着"监察员"的角色。㉞

㉝ 亨里希："论基本权利在适用外国法时的重要性"（Die Bedeutung der Grundrechte bei der Anwendung fremden Rechts），载于《拉贝尔杂志》第 36 卷（1972）第 2—18 页；雅依梅："结婚自由的基本权利与已离婚外国人的再婚"（Grundrecht der Eheschließungsfreiheit und Wiederheirat geschiedener Ausländer），同一出处，第 19—26 页；克格尔：《财富的尴尬》（Embarras de richesse），同一出处，第 27—34 页；吕麃里茨："基本法对抗国际私法？"（Grundgesetz contra IPR?），同一出处，第 35—53 页；诺伊豪斯："联邦宪法法院和国际私法"（Bundesverfassungsgericht und IPR），同一出处，第 127—140 页；其他例证参见米勒-弗赖恩菲尔斯："争议中的离婚者：'西班牙人结婚'案"第 55—57 页。

㉞ 还有荣格尔："德国宪法法院和冲突法"（The German Constitutional Court and the Conflict of Laws），载于《美国比较法杂志》第 20 卷（1972）第 290—298 页（第 292 及下页）："……该判决也许可以简单地解释为在特定困境之下的明智（原文如此！这还明智？）反应……人们本应希望联邦普通法院……避免对一个最好由常识解决的问题进行严格的宪法审查。在这方面失败后，最后所诉诸的法庭有义务行使其纠正权力。一个国家的最高法院，即使其管辖权仅限于宪法问题，也不能指望它在重要的人类利益牺牲于空洞的法律逻辑时仍然不作为。"在同样的意义上，维特赫尔特在"概念法学抑或利益法学"一文第 252 页写道："西班牙人案是……一个错误的、歪曲的、看似范式问题的好例子，错误和歪曲的原因是……'适当的'解决方案，无论是被允许的还是有充分依据的，都没有'奏效'。如果没有这一系列的'错误'，至少可以很好地拒绝……如果联邦普通法院的判决实际上是可以推翻的，那么联邦宪法法院就不会采取行动。"

法院通过这种方式巧妙地表达了国际私法缺乏利益导向的问题,即法院在终结其判决时就如何将判决结果"转化"为国际私法处理问题的以前传统(但不是从利益法学发展而来)思维模式进行了实践说明。[85] 那么,法院本身显然已考虑到,国际私法的实践和学说只能公然地通过宪法强制地规定或是隐秘地借助国际私法制度才能引起对利益的足够重视。绝大多数的冲突法专家对该判决作出的反应表明,这种期望并非毫无依据。该判决的利益导向和纯粹的正义内涵,除了受宪法、国际私法制度和公共秩序认可外,主要为外国所赞赏。[86] 在国外,它们也得到了司法判例的证实:仅仅在德国联邦宪法法院作出裁决一个月后,瑞士联邦法院在著名的"达尔·博斯克"案(*Dal Bosco*)判决中也得出了相同的结论,并且在没有根据宪法作出任何努力的情况下,而是基于对利益和正义进行的全面考察,[87] 断然明确拒绝瑞士也曾讨论过的国际私法中的替代方式(识别、先决问题);甚至公共秩序保留对其而言也只是一个辅助性论据。[88]

---

[85] 《联邦宪法法院裁判集》第 31 卷第 86 页以下 =《拉贝尔杂志》第 36 卷(1972)第 162 页。

[86] 参见荣格尔:"德国宪法法院和冲突法",第 292 及下页;荣格尔:"国际私法重新定向的可能性"第 1523 页。

[87] 瑞士联邦普通法院 1971 年 6 月 3 日判决,载于瑞士《联邦普通法院民事裁判集》第 97 卷(1971)第 I 部分第 389 页,特别是 403—409 页 =《拉贝尔杂志》第 36 卷(1972)第 358 页,特别是第 368—370 页。

[88] 瑞士联邦普通法院(出处同上注),第 409—411 页 =《拉贝尔杂志》(出处同上注),第 370 页以下。

（三）德国境内的外国人

平等要求是宪法对德国国际私法所提出的挑战。同样，由于国际离婚法和国际结婚法之间的关系模糊不清，"西班牙人案"的判决问题也是一个典型的法律疑难问题。而由于事态的发展，德国境内的外国人的私法地位已经成为一个问题。

自20世纪50年代中期冲突法中的利益法学进入公众视野以来，德意志联邦共和国境内的外国人数量已从50万左右上升到450万，目前约占总人口的7%。[89] 从数量上来看，外国人中大多是所谓的外籍工人，也就是说，根据他们自己的意图和德国政策的最初目标，他们在德国的居留只是暂时的。然而，与此同时，越来越多的外国人（带着他们的家人）正在为更长时间或者无限期地在德国生活做准备。外国人在德国的平均居留时间在不断变长。据估计，1980年，有14%的外国人在德意志联邦共和国生活了15年以上，生活了10年以上的外国人比例甚至高达38%。[90] 1986年的相应比例分别为37%和59%。[91] 这种情况在未来预计不会发生实质性变化——这是由经济、社会和心理环境以及宪法（财产保护）与欧洲共同体法律（一体化理念和定居

---

[89] 《1955年统计年鉴》(Statistisches Jahrbuch 1955)第55页；《1987年统计年鉴》(Statistisches Jahrbuch 1987)第68页。

[90] 告知的数字，参见皮龙：《〈重新规定国际私法的法律〉生效后的国际私法和国际程序法：文本、材料和说明》第69页。

[91] 《1987年统计年鉴》第68页。

自由)所保障的。㉜ 相反,从长远来看,德意志联邦共和国境内的相当一部分人口在事实上和法律上都将不具有德国国籍。

长期居留在德国境内的外国人数量如此巨大,使国际私法的适用条件和结果发生了变化。首先,对于适用法律的机构来说:在国际属人法、家庭法和继承法中,以国籍为连结因素就要求大量地适用国际私法和外国法律,使这些在过去极少出现的事情成为它们的"正常业务"。然而,问题是德国有关当局和法院能否按照国内当局通常期望的质量以及大众实践所需的广度和一致性来处理复杂的冲突法思维模式和众多的外国法律制度?对于所涉的外国人本身而言:他们在德国居留的时间越长,就越需要在民事地位、家庭和继承问题上诉诸德国当局和法院系统。整个人口群体,尤其是社会地位较低的外籍务工群体,不仅要长期遭受困难重重且不透明的国际私法的约束,还要忍受德国当局和法院在适用外国法律时的不确定性和低效性。在私法的

㉜ 具体参见施韦特费格尔(Schwerdtfeger):"为妥当处理外国人在德意志联邦共和国的法律地位,建议采取哪些法律措施?"(Welche rechtlichen Vorkehrungen empfehlen sich, um die Rechtsstellung von Ausländern in der Bundesrepublik Deutschland angemessen zu gestalten?),载于《第53届德国法学家大会会谈资料集(一)》[Verhandlungen des 53. Deutschen Juristentages Ⅰ (1980)],尤其是第17及以下诸页、第18及以下诸页;巴泽多、迪尔—赖斯特纳(Diehl-Leistner):《移民国的国籍原则:1988年11月在海德堡大学"国际私法中的国家与民族"研讨会上的演讲》(Das Staatsangehörigkeitsprinzip im Einwanderungsland:Referat auf dem Symposium über „Staat und Nation im internationalen Privatrecht" an der Universität Heidelberg,November 1988)(即将出版)。

一个重要领域,让普通民众长期陷入附加的法律困境,这是大家可以接受的吗?最后,从整个社会来看,当长期存在大量的外国人口时,国际私法上以国籍作为连结因素会导致这样一种情形,即在德意志联邦共和国,不同的人口群体(德国人群体,以及按照国籍划分的外国人群体)在不可预测的时间内对于民事地位、家庭和继承问题根据不同的法律生活在一起——国际私法也因此在德国制造了种族隔离和群体法;正是因为这个事实,如果说有间际私法(Zwischenprivatrecht),那么其更多的是指"人际"而非"国际"私法。㉝

大量外国人在德国国内长期居留,也给国际私法提出了许多新的问题,并使国际私法的面貌发生了变化,这一事实已备受关注并得到阐述。㉞ 利益法学是否有助于找到应

㉝ 关于属人冲突法,参见克格尔:《国际私法》第 24—27 页;冯·巴尔:《国际私法:第一卷》第 262 及以下诸页;凯勒/西尔:《国际私法的一般理论》第 170 及以下诸页。

㉞ 西米蒂斯(Simitis):"论国际私法中的裁决"(Über die Entscheidungsfindung im IPR),载于《户政杂志》(StAZ)1976 年第 6—15 页(第 9 及以下诸页);西米蒂斯以前发表的相关论文还有:"评联邦普通法院 1968 年 9 月 17 日的判决"(Anmerkung zu BGH 17.9.1968),载于《户政杂志》1969 年第 12—16 页(第 13 页);"国际婚姻法中已婚女性的命名"(Zur Namensführung der verheirateten Frau im internationalen Eherecht),载于《户政杂志》1971 年第 33—37 页(第 34 页);"论外国人父子关系的认定"(Zur Vaterschaftsfeststellung bei Ausländern),载于《户政杂志》1973 年第 177—181 页(第 177 页);"国际结婚法的改革"(Zur Reform des internationalen Eheschließungsrechts),载于《户政杂志》1975 年第 237—247 页(第 241 及以下诸页);安塞/马丁尼:"法律中的外来工家庭",第 201 及以下诸页;费里德(Ferid):"德国法律实践中的外国法案例"(Auslandsrechtsfälle in der deutschen Rechtspraxis),载于《法律和社会中的外来工》第 144 及以下诸页;荣格尔:"国际私法重新定向的可能性",(转下页)

对新情势的处理办法和解决方案?为此,我们必须有所甄别地看待针对现行法(de lege lata)的讨论和针对计划中的立法改革的反思。

如果从利益法学的角度来看现行法律,就会得出"认知上的差距"的结论。⑤ 法律的大量适用、对整个人口群体长期和额外负担的影响以及群体分离的力量,都是德国国际私法的现象和功能的体现,而在世纪之交和紧接着的几十年里,在通过法律、司法判例和科学研究形成其规范的过程中都不会发现和考虑这些现象和功能。⑥ 因此,在目前新情势下有可能探究:法律中所表达的"利益评价"能否通过

(接上页注释) 第1523页;荣格尔:《国际私法的变迁》[Zum Wandel des IPR(1974)]第6页;诺伊豪斯:《国际私法的基本概念(第二版)》第220页注释⑩;吕德里茨:"当事人利益中的连结因素"第36—38页、第40及下页;吕德里茨:"格哈德·克格尔和德国国际私法"(Gerhard Kegel und das deutsche IPR),载于《拉贝尔杂志》第46卷(1982)第475—489页(第482及下页);吕德里茨:《国际私法》[IPR(1987)]第19页;巴泽多(Basedow):"对国际私法和国际程序法的重新规定"(Die Neuregelung des Internationalen Privat- und Prozeßrechts),载于《新法学周刊》1986年第2971—2979页;现在总结性的有巴泽多、迪尔-赖斯特纳的前述演讲报告。

⑤ 对此参阅前文注释㊽。

⑥ 关于旧文本《民法典施行法》中的冲突规范的形成历史,有详细例证的较好描述,参见冯·巴尔:《国际私法:第一卷》第416及以下诸页。至少从汉萨这所城市的立场来看,可能会受到以下事实的影响:大量的外国商人一直居住在大型港口城市(在某些情况下是几代人),他们担心(多边的)国籍原则会对他们自身以及法律实务造成困难;贝恩(Behn)在《〈民法典施行法〉中的单边冲突规范的形成史》[Die Entstehungsgeschichte der einseitigen Kollisionsnormen des EGBGB(1980)]这本书第95页以下就提出了这种假设。这个只"单边地"(即只针对德国公民)从法律上规定国籍原则的特殊理由,却没有被载入汉萨城市备忘录,也没有进一步在审议中发挥作用;下文的注释㉖—㉒会进行详细说明。

"思想上服从"⁹⁷的方式得到维持,或者由当今的法律适用者以一种新的、以原则为引领的方式进行补充？这种考量的前提条件,首要任务便是系统地确定和比较当时所认知和考虑的利益与现在希望被认可的利益。下一步则是要审查当时对利益状况的评估是否也可转移适用于当前的利益状况,或者——替代性地——重新进行评估。

在这个意义上,利益法学与外国居民人口问题并无显著联系。无论如何,大多数的批判性言论都不能被解释为对现行法律的贡献,而更多地体现了对立法的呼吁;但是,在这个过程中,针对现行法律的建议是"直接"提出的,而未能有意识地使用利益法学所提供的方法工具。⁹⁸ 主流观点大多认为,他们不希望看到自己在外国居民人口的私法待遇方面出现问题,却无论如何要坚持以前的制度。⁹⁹ 其实,解决上述问题根本不需要刻意使用某种方法,也不需要利益法学。只有在克格尔的观点中,我们才能找到有关利益的详细解释,尽管这种解释实际上是对法律政策的描述,但也可以被视为根据现行法的国籍原则对待外国人的论据。⁰⁰ 不过这些描述对于一本内容简短的教科书来说是很自然的,

---

⁹⁷ 这个著名的、从军事学领域借鉴的表述,参见黑克(Heck):"制定法解释与利益法学"一文第 20 页。

⁹⁸ 前文注释⁹⁴所列西米蒂斯的论文;荣格尔:"国际私法重新定向的可能性"第 1523 页;荣格尔:《国际私法的变迁》第 6 页。

⁹⁹ 其中具有代表性的是索嫩贝尔格主编:《民法典慕尼黑评论:第七卷(国际私法导论)》,段号 436;雅依梅:"当今的国际家庭法"(Intemationales Familienrecht heute),载于《米勒-弗赖恩菲尔斯祝寿文集》[FS Müller-Freienfels(1986)]第 341—375 页(第 360—363 页),里面指出了入籍的可能性。

⁰⁰ 克格尔:《国际私法》第 281 及下页。

因为克格尔没有理由再次从方法上详细地论证当时的观点,但其太粗略了,无法被视为在现行法背景下适用利益法学的案例。鉴于学术研究和主流学说的这种状况,就目前而言,司法判例没有将外国人的私法处境视为一个独立的、对冲突法上的考虑构成挑战的问题来处理,这不足为奇。

与当时正在进行(现在已经完成的)的立法改革形成了鲜明对比。1974 年,大家就已经针对外国人口的私法政策进行了全面系统的讨论,[101]1980 年第 53 届德国法学家大会对此明确表示支持;屈内(Kühne)在其所提交的子项目专家意见中,特意选择了利益法学的视角,对这个主题进行彻底的、有细微差异的探讨。[102] 然而,令人怀疑的是:尽管后续工作直接导致了《重新规定国际私法的法律》(Gesetz zur Neuregelung des Internationalen Privatrechts)的出台,但在这项后续工作中是否一如既往地充分考虑这一议题,以及是否仍从利益法学的视角来处理该议题? 在涉及整个立法改革的下述评论中,将对此进行更详细的阐释。

(四) 国际私法的立法改革

20 世纪 50 年代,在克格尔为国际私法提出利益法学概

---

[101] 安塞/马丁尼:"法律中的外来工家庭"第 201 及以下诸页。
[102] 屈内:"为妥当处理外国人在德意志联邦共和国的法律地位,建议采取哪些法律措施?"(Welche rechtlichen Vorkehrungen empfehlen sich, um die Rechtsstellung von Ausländern in der BR Deutschland angemessen zu gestalten?),载于《第 53 届德国法学家大会会谈资料集(一)》C1-C 94 部分,特别是第 50 及以下诸页。

念的同时,联邦司法部委托德国国际私法参议会(Deutscher Rat für Internationales Privatrecht,联邦司法部的学术咨询机构)着手准备国际私法的修订工作。最终于1986年通过并生效的《重新规定国际私法的法律》[103],在很大程度上是以德国国际私法参议会1962年至1981年期间公布的关于属人法、家庭法和继承法的立法建议稿为基础的。[104] 在德国国际私法参议会中,克格尔具有举足轻重的地位;特别是有关婚姻法和亲子关系法连结因素的重大决定,都归根于他对立法建议稿所提的意见。在形成这部法律的大约30年的过程中,利益法学的贡献占有多大份额?

就立法而言,所提出的首先不仅是已经讨论过的司法上实现权利平等的问题,而是利益法学作为一种方法在这一领域是否合适的问题。在菲利普·黑克所谓的传统意义上,利益法学是一种适用现行法的方法,通过学术研究和司法判例来弥补既定规范构成漏洞的方法,但不是立法的辅助工具。但是,如果人们在适用法律时接受利益法学,就必

---

[103] 1986年《联邦法律公报》第Ⅰ部分第1142页(=皮龙:《〈重新规定国际私法的法律〉生效后的国际私法和国际程序法:文本、材料和说明》第29及以下诸页)。

[104] 《关于德国国际婚姻法改革的建议和专家意见》[Vorschläge und Gutachten zur Reform des deutschen internationalen Eherechts(1962)];《关于德国国际亲子关系法、监护法和照料法的改革》[Zur Reform des deutschen internationalen Kindschafts-, Vormundschafts und Pflegschaftsrechts(1966)];《关于德国国际继承法的改革》[Zur Reform des deutschen internationalen Erbrechts(1969)];《关于德国国际属人法和物权法的改革》[Zur Reform des deutschen internationalen Personen- und Sachenrechts(1972)];《关于德国国际属人法、家庭法和继承法的改革》[Zur Reform des deutschen internationalen Personen-, Familien- und Erbrechts(1981)]。

须将其视为一项有用的、实际上必不可少的立法工作原则。因为对立法者来说，对所涉利益进行"确定、评价和权衡"的可能性不会亚于随后的法官，而这正是人们对寻求实体正义必须深思熟虑的立法的期待。[105] 法官（其行为是利益法学关注的焦点）只有一项附加的职责，那就是要承认法律中的利益评价，并让它以"思想上服从"[106]的方式，在"他"审理的案件中重新出现。在适用利益法学的实践中，甚至坚持立法工作也必须要有利益意识，因为只有尽可能仔细和完整地确定法律所涉及的利益，然后在立法过程中进行公开评估和权衡，才能为其后续处理法律问题提供所需的评估依据。[107] 因此，我们有正当理由质疑利益法学在制定"新"国际私法方面是否有效。

在德国国际私法参议会的各项工作中，利益法学的处理方法发挥的作用微不足道。它无法系统、完整地确定需要考虑或拒绝的利益。如果人们要认真对待利益，就必须通过实证和统计调查，例如，对不同人口群体、协会、组织、当局的需求和想法进行调查，以及对法院和当局在涉外案件中的做法进行相应的定向调查。这种调查显然还没有人

---

　　[105] 提及这项职责的例如有：诺尔（Noll）：《立法学说》［Gesetzgebungslehre(1973)］，特别是第 63 页及以下；希尔（Hill）：《立法学说导论》［Einführung in die Gesetzgebungslehre(1982)］，特别是第 66 页以下。H. 施耐德（Schneider）的《立法学教科书》［Gesetzgebung—Ein Lehrbuch(1982)］第四章至第七章阐述了德意志联邦共和国为此目的而使用的程序，该书第一章还概述了外国文献。

　　[106] 黑克："制定法解释与利益法学"一文，第 20 页。

　　[107] 根据索嫩贝尔格主编的《民法典慕尼黑评论：第七卷（国际私法导论）》段号 59，对利益分析的要求甚至"主要是针对立法者"。

尝试过。相反,德国国际私法参议会满足于对重大决定进行假设和推测,却根本不讨论任何利益问题。克格尔在其立法建议稿中所提的意见,论证了离婚和结婚(立法改革的核心目标领域)主要以国籍为连结因素的合理性,他所提意见的措辞是:

> 人们认为,出于信任、集体感、家乡自豪感甚至习俗的原因,每个人在根据他所亲近的实体法进行审判方面享有利益,并且不论在特定情况下适用该法律对其有利还是不利,都是符合其意愿的。[108]

> 人们假设,一个人与他国籍所属国法律的联系比与他所居住国的法律的联系更为紧密;但是,在绝大多数情况下,当原籍国和居住国两者不一致时,一个人的国籍所属国,就是他成长的国家。[109]

在德国国际私法参议会的提案中,其核心事项并没有更深入地探究利益主张的现实性。[110]

---

[108] 克格尔:载于《建议和专家意见(婚姻法)》[Vorschläge und Gutachten (Eherecht)]第 106 页(此处重点强调)。

[109] 克格尔(同上注)第 79 页以下(此处重点强调)。

[110] 只有克格尔在其关于监护权和亲子关系的专家意见中说得更具体一些:《建议和专家意见(亲子法、监护法和照料法)》[Vorschläge und Gutachten (Kindschafts-, Vormundschafts- und Pflegschaftsrecht)]第 219 及以下诸页、第 227 及以下诸页;《建议和专家意见(属人法、家庭法和继承法)》[Vorschläge und Gutachten(Personen-, Familien- und Erbrecht)]第 53 及以下诸页。

第二章 影响报告

如果实证调查得不出任何相关结果，或者由于具体情况而显得不切实际，那么，利益法学要名副其实地发挥作用，前提是法律起草者要努力地根据现有的其他知识探寻典型的、真实的利益状况，并提出明确的处理方法。相反，如果不了解典型的利害关系方，而这些利害关系方又以某种方式受到拟制定的法律影响，那么就无法界定利益状况。国际属人法、家庭法和继承法现在清楚地表明，它通常涉及社会学上明显不同的两类人群，他们可能以不同方式受到同一法律的联系规则（主要是为德国的法律适用而制定的）的影响，即一方面是在境外的德国人——如果对于他们在德国的事务具有管辖权——另一方面是在德国境内的外国人[111]（德国境内的德国人之间很少产生涉外法律问题；而德国境外的外国人也只是在极少情况下受到德国的管辖）。

在德国国际私法参议会公布的立法建议稿中，也未发现这种基于常识的利益分析方法。因此，并没有对所呈现的或可想象的利益进行持续、彻底的评价和权衡——而这对于利益冲突来说，就意味着要考虑到对相互冲突的利益作出取舍。特别是在起草工作结束（1978年）之前，德国国际私法参议会从未以利益分析的方式研究过外国人（甚至务工人员）在德国大规模和长期居留这种已经不能忽视的现象以及由此产生的具体利益问题。在德国国际私法参议会看来，主要问题似乎是一个以很普通方式所表述的原则问题：立法改革应该以哪一种规范原则为基础？具体而言：

---

[111] 对于这种区分的意义将在下文注释[206]—[208]进一步论述。

是应该维持国籍原则,还是改成以居所作为连结因素? 在一开始讨论婚姻法的时候(1954—1959年),人们就基本决定继续以国籍为连结因素,只有男女双方在婚姻中的平等权利问题因其国籍不同而无法作出决断的情况下,才以婚后的居所为连结因素。⑫ 多年来,能够从利益法学对这一决断进行说理论证的,只有上文所引用的克格尔在立法准备阶段所提交的专家意见中的只言片语。⑬ 后来,在关于其他次要事项的专家意见以及1981年提案和专家意见的修订版中,这一说理的内容才略有扩大,但都基于一个明确的前提,即已就国籍原则问题作出了基本决定。⑭

维持国籍原则的这项"决定"使得以前的法律成为起点,并为其他一切确定了框架。现在的主要问题是:当涉及个别次要事项的特殊性时,是否有理由或者必要偏离国籍

---

⑫ 《建议和专家意见(婚姻法)》第6及下页。
⑬ 参见注释⑩⑩处的文字。
⑭ 《建议和专家意见(亲子法、监护法和照料法)》第8页;《建议和专家意见(继承法)》第6页,和费里德的专家意见,同一出处,第24页;《建议和专家意见(属人法、家庭法和继承法)》[Vorschläge und Gutachten(Personen-, Familien- und Erbrecht)]第28、38页,以及克格尔的专家意见,同一出处第120页以下。然而,人们可以怀疑在德国国际私法参议会中是否曾有一个经过考虑有关国籍原则的"决定"。克格尔早在1960年就报告指出,婚姻法委员会一般不把属人法(Personalstatut)看作其工作主题,但德国国际私法参议会的"全体会议"却表明,"他们中的大多数人都倾向于国籍原则";因此婚姻法委员会把它作为出发点,但是:"最终过渡到住所地原则不会改变婚姻法委员会的主要结果:它们很容易改变。"参见克格尔:"德国国际婚姻法改革"(Reform des deutschen internationalen Eherechts),载于《拉贝尔杂志》第25卷(1960)第201—221页(第202页)。然而,似乎在稍后阶段没有审查把国籍作为暂时连结因素的决定。在以下关于亲子关系法和继承法的建议和专家意见中,国籍原则被视为一个不言而喻的出发点,并通过婚姻法委员会的工作体现出来。

原则？目前的普遍趋势是，只有在不得已的情况下才会允许采用其他连结因素，即尽可能地坚持国籍原则。[115]从这一点以及基本决定的"逻辑"思维[116]来看，婚姻法形成了众所周知的阶梯式连结因素（"克格尔阶梯"）：第一，夫妻双方的共同国籍，或者在夫妻双方目前没有共同国籍的情况下，也可以采用曾经存在的（并由夫妻一方继续保留[117]）共同国籍。第二，只有在婚姻关系存续期间夫妻双方从未拥有任何共同国籍的情况下，才可用共同居所作为连结因素："为什么只有当夫妻一方的国籍发生变化时，要放弃国籍的连续性而突然以经常居所作为决定性连结因素？"[118]然而，以居所地为连结因素，则"意味着违反了国籍原则，人们就会想知道是否不应该选择其他方式"。[119]

德国国际私法参议会在没有从方法论上进行利益分析的情况下，发现了另一项"原则"，即"以家庭为单位"原则，这一原则促使该参议会把婚姻法中的连结因素阶梯转移到婚生子女关系法中（婚生、父母与子女关系、准正、收养）。[120]最终的总体结果是国籍原则被保留为属人法、家庭法和继承法等所有领域确定连结因素的首要规则，但儿

---

[115] 例如，费里德在《建议和专家意见（继承法）》第26页写道："只要没有证据证明在大多数情况下国籍原则会明显违背当事人各方的合法利益，国籍作为基本的连结因素……就必须坚持……"

[116] 这在《建议和专家意见（婚姻法）》第7页中有明确规定。

[117] 即使只是将以前的共同国籍限制为连结因素，克格尔也认为它并不是理所当然的，而是"值得推荐的"；克格尔：《建议和专家意见（婚姻法）》第107页。

[118] 克格尔（同上注）第108页。

[119] 克格尔（同上注）第107页。

[120] 《建议和专家意见（属人法、监护法以及照料法）》第11、16、27、33页。

童抚养请求权(由于相关的海牙公约规定适用儿童居所地法[⑫])以及监护权("出于实际原因",[⑫]根据居所地管辖原则适用法院地法)的执行(而非命令)除外。

综上所述,德国国际私法参议会的准备工作(相当成功地)试图维持制度和原则的一贯性;利益法学的论点在其中仅发挥了边缘性的作用。

立法准备过程中的这一基本特征,并没有随着国际私法立法草案的出台而发生重大变化。该草案系由联邦司法部部长委托屈内起草的,并于20世纪80年代初公布。[⑬] 出于利益的考量,该草案提出了在某些方面选择法律的可能性,并修改了个别问题的客观连结因素;对于大多数具体规定的解释——根据屈内在德国法学家会议上提出的专家意见[⑭]——也明确指出了该规定应予考虑的连结因素利益。然而,在整体制度和核心问题(国籍原则、连结因素阶梯、以家庭为单位)上,屈内的草案重复了德国国际法参议会的法学理念,即更关注制度维护而不是利益。该草案显然是在德国国际私法参议会的立法建议稿基础上起草的,[⑮]因为联邦司法部长的职责显然是为了进一步推进立法提案,而非重新开始审议。

1983年提交的政府草案只经过几处修改后,就最终获

[⑫] 对此,拜茨克:《建议和专家意见(属人法、家庭法以及继承法)》第156及下页。

[⑫] 《建议和专家意见(属人法、家庭法以及继承法)》(同上注)第62页。

[⑬] 屈内:《国际私法立法草案》[IPR-Gesetzentwurf(1980)]。

[⑭] 屈内:《外国人的法律地位》(Rechtsstellung von Ausländern)。

[⑮] 屈内:《国际私法立法草案》[IPR-Gesetzentwurf S. V.]"序言"第5页。

得通过并成为法律。⑬ 对于该草案而言,经过目前立法筹 43
备的后期阶段后,进行系统地重新审议的可能性很低。就
利益法学的特性而言,该草案甚至不如屈内的草案,因为它
再次限制了选择法律的可能性,而且在对各项具体规定作
出论证时并没有系统、详尽地提及利益连结因素。

然而,这两份草案的共同点是:它们都只是片面、表浅
地探讨了在德国境内的外国人(德国国际私法的"主要服务
对象")的冲突法利益。外国人在总人口中所占比重很大,
这从数量上表明国际私法愈发重要,⑰但这些草案却没有充
分阐释各种规则对外国人的重要性。在论证为何要坚持国
籍原则时,就提出了这个问题。这里将重申德国国际私法参
议会所使用的关于祖国归属和由此产生的法律适用利益方
面的假设,并用以下论点加以补充:(1)法律的确定性(国籍
比经常居所更具有确定性);(2)连结因素的稳定性和连续性
(与住所地相比,国籍不易改变);(3)判决的一致性(大多数
生活在德国境内的外国人的祖国也同样遵循国籍原则)。⑱

---

⑬ 德国联邦议院第 10/504 号印刷品:《重新规定国际私法的法律立法草案》(=皮龙:《〈重新规定国际私法的法律〉生效后的国际私法和国际程序法:文本、材料和说明》第 29 及以下诸页)。

⑰ 屈内:《国际私法立法草案》,第 22 及下页;《政府草案(同上注)的论证说明》,第 21 及下页(=皮龙:《〈重新规定国际私法的法律〉生效后的国际私法和国际程序法:文本、材料和说明》第 68 及以下诸页)。

⑱ 屈内:《国际私法立法草案》第 65 页以下;《政府草案(同前上注)的论证说明》第 30 页以下(=皮龙:《〈重新规定国际私法的法律〉生效后的国际私法和国际程序法:文本、材料和说明》第 106 及下页)。从当事人利益的角度来看,这些论证说明也是存在问题的,这种态度参见吕德里茨:《国际私法》,第 49 及下页。

然而,这些草案并没有对此进行任何说明,即这组权衡是否符合国际私法每个子领域的相关利益(冲突法上的利益定位在继承案件中可能不同于离婚案件,在离婚条件和离婚后果方面也存在差异),它们也未曾试图在自己所假设的本国法利益与外国人本人、其他当事方或者德国公众可能存在的对立的利益之间进行权衡。立法层面的利益法学需要对利益状况和可能的解决方案进行不受任何前提条件约束的、更为详细的审查。

(五)小结

通过对德国国际私法过去35年这种较长时间的抽样调查,结果是否定的,即利益法学作为一种理论和方法对这一时期的重大议题——权利平等、"西班牙人案"判决、德国境内的外国人、立法改革——并没有发挥明显成效。对其应用和继续发展所做的个人贡献(当然还有克格尔本人教科书中的阐述)确保了利益法学在学术讨论中受人尊重的地位,[129] 却最终对任何议题尤其是对于立法改革没有发挥作用。[130] 相反,讨论也主要围绕着有关合理性、合目的性、制度正义

---

[129] 参见注释㊳㊵中的例证。其适用情况,例如屈内:《国际私法立法草案》;进一步发展,参见吕德里茨:"当事人利益中的连结因素"一文;理论上的加工,参见舒里希:《冲突规范与实体法》,尤其在第184及以下诸页。

[130] 对于屈内所提的专家意见和草案,参见前面注释⑩㉓—㉕。舒里希的研究并没有在该主题上产生如此直接的影响。吕德里茨(同上注)这篇论文的主要特点是,对所涉及的当事人利益的认可和赞赏,并得出的结论认为:与"本国法"的联系相对化,以及普遍地允许当事人意思自治地在本国法和居所地法之间选择法律;这尤其体现在其论文的第53页以下总结部分。但是,该方法和结果均未在司法判例或者1986年新立法中得到反映。

第二章 影响报告

以及法律确定性的考虑而展开——所有这一切在法律话语中都是正常的、值得尊重的,但它们却并没有将国际私法真正出现的或受其影响的利益以及亟待评价的利益放在首位。

与柯里一样,克格尔所倡导的利益法学影响有限,在很大程度上是因为该概念本身。不难发现,克格尔想要用那些抽象的、笼统的、不真实的甚至虚构的"利益"来作为确定冲突法上的判决以及规范形成的依据。[131] 这当然适用于他所谓的"交往利益"和"秩序利益",但也同样适用于"当事人利益",而这些利益恰恰对于确定以国籍为连结因素起着决定性作用。克格尔认为,这些利益始终只是假设的利益,即普通人的利益;[132]即使人们在现实中面临某些典型的情势甚至具体的当事人,这种普通的预期并不适用,能确定的只有当事人对适用其本国法以外的其他法律(例如居所地法、财产所在地法、行为地法、受理案件的法院所在地法)所享有的典型的或特定的利益,且也应以这些利益为基础。因为——按照克格尔的说法——"如果人们在复杂的国际私法领域放弃明确的、易于识别和易于操作的冲突规范,那就等于进入了魔鬼的厨房,会产生一系列糟糕后果"。[133] "因此,只能考虑采用一般地符合当事人利益的连结因素,即国

---

[131] A. 布赫尔(A. Bucher):《国际私法中连结因素正当性的基本问题》[Grundfragen der Anknüpfungsgerechtigkeit im IPR(1975)]第 36 及以下诸页;索嫩贝尔格主编:《民法典慕尼黑评论:第七卷(国际私法导论)》,段号 62、69;施陶丁格尔主编、施图尔姆/施图尔姆释义:《民法典施行法:第 7 条至第 11 条导论》,段号 42。

[132] 见注释[108][109]正文的引注;克格尔:《国际私法》第 83 页。

[133] 克格尔:"祖宅和梦想之宅"第 559 页。

籍和住所地。同样,这两者之间的选择,一般只能依据当事人与本国法或者住所地法联系的紧密程度。"⑭在这一过程中,法律确定性中的"秩序利益"会突然发挥作用。⑮ 但是,谁是这种利益的受益者?为什么这种利益(显然)在任何情况下都比当事人的利益更重要?当双方当事人在属人法、家庭法和继承法中一致同意适用本国法以外的法律时,谁仍然拥有这种利益?克格尔对后一个问题的看法是:"……在有关婚姻的人身效力和离婚的国际私法问题中,立法者不得回避这一决定。当事人各方也并不比立法者聪明……"⑯

　　国际私法是否与当事人和立法者之间的利益冲突有关?无论如何,关于属人法、家庭法和继承法中当事人利益的描述,揭示了克格尔希望自己的利益法学远离真实利益的程度。如果当事人双方在国际合同法中得以毫无争议地确定自己在法律适用方面的利益,那么,这一点就变得非常明显了。在克格尔看来,允许自主选择法律没有达到以利益为导向的法理学的巅峰,而是"一个令人尴尬的解决方案:因为在很多情况下,在当事人利益指引适用多种法律时,是无法合理地权衡事人利益的"⑰。

　　一种法理学,竟如此地贬低当事人利益最明确的表现形式,贬低当事人所表达的意愿,它作为私法上的利益法学是苍白无力的,是没有思想引导动力的。它所声称的"利

---

⑭　克格尔:《国际私法》第 279 页。
⑮　克格尔:《国际私法》第 281 页。
⑯　克格尔:《建议和专家意见(属人法、家庭法和继承法)》第 122 页。
⑰　克格尔:《国际私法》第 421 页。

益",在很大程度上只是人们对"法律政策的基础""基本理念""规范的意义和目的""调控原则"以及"解决标准"或类似术语的另一种称谓。⑬ 因此,在前述有关"重大议题"的传统讨论中,利益法学变得如此不受关注,并不足为奇。从克格尔的观点来看,这种利益法学充其量只是替换了词汇,但并没有改变观点和论点。

---

⑬ 还有诺伊豪斯:"告别萨维尼?"(Abschied von Savigny?),载于《拉贝尔杂志》第46卷(1982)第4—25页(第19页);索嫩贝尔格主编:《民法典慕尼黑评论:第七卷(国际私法导论)》段号69;施陶丁格尔主编、施图尔姆/施图尔姆释义:《民法典施行法:第7条至第11条导论》段号42。

第三章　新论据和进一步发展

一、初始情况

47　　关于大西洋两岸国际私法中的利益法学近三十多年的情况报告表明,柯里和克格尔所设想的利益法学收效甚微。然而,这种失败并非一眼就能看得出来。在美国,理论界和实务界心甘情愿地接受柯里所宣扬的问题和概念,从而掩盖了这种利益分析的真正目的——国际私法中的现实主义——已经被忽略的事实。在欧洲,甚至无法在司法判例、立法和文献中发现克格尔的设想在很大程度上被外部采用。部分原因在于该设想本身。它故意不那么紧密地接近现实利益,以便在一般语境下以及在创制和适用法律的实践中更清晰地凸显其独立性。另外,作为欧洲国际私法学界的主要旗手,克格尔不容置疑的声望也让人难以觉察到他的这部分学说基本上没有什么影响。

　　柯里和克格尔所提出的利益法学之所以缺乏有效性和影响力,是因为它试图远离利益现实。然而,虽然这些不同的利益理论都遭到了否定,但目前还不能从这种一致的否定中得出结论认为,利益取向根本就不是适合国际私法的一种思维形式。如果在这个领域,所有法律利益体系的原始功能——在理论和方法上——都可以被忽略,那将是令人惊讶的。而国际私法关系可能存在一些特殊性,使得人们很难甚至无法超越克格尔和柯里所假设的利益取向的极限。因此,只有在将国际私法特有的使命(再次)纳入视野时,才有可能评估利益法学是否合理,是否能够比依照上述设想得以更有效地利用。⑬

二、国际私法的使命

人们普遍认为,国际私法的功能是确定各种法律制度对案件情势的管辖范围,并划定彼此间的界限(对法律制度进行"协调")⑭或者——反过来说——为案件情势确定适合的法律制度("适当的法律""空间上最好的法律")。⑭ 国

---

⑬ 根据莱茵施泰因(Rheinstein):"错误的地方:对案例方法的研究"(The Place of Wrong: A Study in the Method of Case Law),载于《土伦法律评论》(Tul. L. Rev.)第19卷(1944)第4—31,165—199页(第17页):"为什么我们会有一个叫作冲突法的法律分支?如果我们更经常、更彻底地考虑这个问题,那么许多冲突法的问题看起来就不会像今天这样可怕,也不会像今天这样令人望而生畏。"

⑭ "体系的协调";这是巴蒂福尔(Batiffol)的基本思想,体现在其《国际私法的哲学观》[Aspects philosophiques du d. i. p. (1956)]第19页及以下和第136页,并在全书中一以贯之。克格尔在其《国际私法》第123页也进一步提及巴蒂福尔的著作。

⑭ 克格尔:《国际私法》,第81页;克格尔:"祖宅和梦想之宅",第552、558页。经典的论述:"每一种法律关系,都在寻求这种法律关系根据其本身性质所属的并受其约束(其本座也同样在此)的法律领域";萨维尼(Savigny):《现代罗马法体系(第八卷)》[System des heutigen Römischen Rechts Ⅷ (1849)]第28,108页。关于不同的观点,从法律规定或事实的角度论述得非常清楚的有诺伊豪斯:《国际私法的基本概念(第二版)》第29及下页;诺伊豪斯:"告别萨维尼?"第6—9页。

际私法通过连结因素,更准确地说通过案件情势与可适用的法律体系之间的"连接"来完成这一使命。从第一种意义来说,它的功能就像一个仲裁员,在法律制度之间发生积极或消极的管辖权冲突时,将国际案件情势在总体上以适当的份额分配给每一种法律制度。⑫ 这种做法可以说是在国际案件中,外国法律必须与内国法律有同等的适用机会,即"权利平等"。⑬ 在第二种意义上,国际私法不是仲裁员,而是港务局局长,为每一起驶入港口的案件情势分配它所寻求的、适合它的泊位。⑭

这种功能描述强调了法律技术方面的内容,但仍然停留在表面。相反,国际私法的使命必须从社会现实发展而来,而这一特定法律正是产生于社会现实的需要。⑮ 然而,

---

⑫ 冯·奥弗贝克(von Overbeck)在"'任意性冲突规则'理论与意思自治"(La théorie des „règles de conflit facultatives" et l'autonomie de la volonté),载于《弗朗克·菲舍尔祝寿文集》[FS Vischer(1983)]中明确表述为"国际事务的分配"。在法语作者中,普遍存在权能和分配秩序的想法,参见巴蒂福尔/拉加德:《国际私法(第一卷)》第 24、264 目:"法律关系的国际性要求'分配立法权'"。对这种想法的批评,参见舒里希:《实体规范与冲突法》第 67 及下页、第 189 及下页、第 191 页。

⑬ 例如,诺伊豪斯:《国际私法的基本概念(第二版)》第 30、33 页;克格尔:《国际私法》,第 194 页;克格尔:"国际私法:基本方法",第 13 节,此处有关于传播这一观点的其他例证。

⑭ 凯勒/西尔在《国际私法的一般理论》第 28 页使用同样适当的岔道和岔道设置的图像,将涉外案件像"铁路列车一样朝着立法者或法官法所希望的方向行驶"。

⑮ 再次回到莱茵施泰因在"错误的地方:对案例方法的研究"一文第 17 页的论述:"据推测,法律冲突法在我们的社会秩序中发挥了一些有用的功能。这个功能是什么?"同样,吕德里茨在"当事人利益中的连结因素"一文第 53 页也写道:"国际私法作为一种特殊的法律……只有在能满足特殊需要(利益)的情况下,才是合法正当的。"

第三章 新论据和进一步发展

这样来看,法律制度并没有在真正意义上对案件情势提出"要求",而案件情势对进行适当的调整变通也没有任何"需求"。法律是一种社会秩序,必须满足人们的实际需求,因此,国际私法必须特别满足由于社会关系的国际化所产生的各种需求。它必须处理的相关问题是,当受私法调整的社会关系超出法律体系的智力和空间边界,并由此产生特定的法律需求时,人类和人类组织(例如企业,也包括国家)所面临的问题。

国际性意味着,对一种情况进行法律调整时要认真考虑一种以上的法律体系;人们最初拥有的法律要比最终需要的法律更多——法律的多元化和过度供应!多元性意味着潜在的分歧(可能是有关的法律体系不一致),同时也意味着单个法律体系具有相对性。由于这些特点,"法律"在国际上的整体状态就更加松散、更加灵活、更加不确定,与纯粹的国内案件情势相比,当事各方在总体上和个别方面也感到更为陌生;在这种情况下,人们很自然地只考虑一个唯一的且通常是"本国"的法律制度。

换言之,如果一种社会关系出现在单个法律制度的属地或者属人领域,那么一个国家的法律为当事各方所提供的法律统一性、一致性、不容置疑的合法性和近距性就会瓦解。在目前已经涉足的国际空间中,法律是多元的,因此——如果按照先进的国家法律制度的评判标准来衡量——也是不完美的。⑯ 对于国际法律领域所面对的人类来说,这种法律多元性的意识再也无法通过法律问题的"再国家化"而实现逆转,但传统的冲突法也许能通过其指引规则在外部技术上得以实现。另外,在可预见的未来,也不能指望通过法律的统一化来大大降低法律的国际多元性。⑰

---

⑯ 关于国际性的基本法律方面,特别可接受的包括冯·迈伦(von Mehren):"国家对法律选择的意义"(The Significance of the State for Choice of Law),载于《茨威格特祝寿文集》[FS Zweigert(1981)]第287—306页;卢曼(Luhmann)的《法律社会学(第二版)》[Rechtssoziologie^2(1983)]第333—343页"世界社会的法律问题"这一章节;里戈(Rigaux)的《国际私法(第一卷):一般理论》[D. i. p. I; Théorie générale(1977)]第75页及以下、第215页及以下("跨国空间"中的"法律多元化"第108页及以下、第112页及以下);现在第二版(1987)阐述得甚至更详细了,参见序言第6及下页;谁参与了"跨境案件",谁就置身于一个"广义相对论的体系"。后果是:"法律科学不能接受大部分国际私法理论的地方主义,也不能接受每一个体系试图从自己的角度重新建立一个虚幻的体系协调而所作的荒谬努力。"类似的还有文格勒《国际私法》第56页及以下的论述。在阿洛特(Allot) 1980年《法律的局限性》[*The Limits of Law*(1980)]一书看来,国际性可以被认为是使法律相对化和受到限制的另一个因素,尤其见第121页及以下("其他规范体系对法律的排斥","法律信息与其他规范信息的竞争","法律与其他规范体系的竞争:法律规定的排斥或者弱化")。因此,从社会学的角度来看,人们可以认为是"不正常的",然而,社会学主要是把它作为一种迷失方向的缺陷来处理{例如参见R. 柯尼希(R. König)撰写的"不正常"(Anomie)词条[收录于1969年《社会学词典(第二版)》第27页以下]},虽然可以从规范体系在国际上的数量过度和无约束性中感受到法律的相对化和废除,但也可以被认为是行动机会的增多,从而应得到积极的评价(对此,参见下文注释㊼—㊿、⑱—⑲、⑳—㉜)。到目前为止,无论是法律理论还是法律社会学,都没有真正探讨过这一事实。

⑰ 最近对此论述的有克茨(Kötz):"法律统一化"(Rechtsvereinheitlichung),载于《拉贝尔杂志》第50卷(1986)第1—17页;贝伦斯(Behrens):"通过法律统一化实现法律继续教育的前提和界限"(Voraussetzungen und Grenzen der Rechtsfortbildung durch Rechtsvereinheitlichung),载于《拉贝尔杂志》第50卷(1986)第19—34页。关于一般法律统一化的现状和前景,参见克罗弗勒:《国际统一法》[Internationales Einheitsrecht(1975)],特别是第344及下页。

这种情况,有国际私法来应对。这个世界因为交通、通信技术和经济上的相互依存(文化上也如此!)而日益紧密,[148]但根据传统观念,这个世界由于其法律渊源在组织上不连贯,其法规不统一,因此在法律上仍然是不完善的,但又必须向参与国际关系的个人和机构提供一种私法上的生存秩序。[149]

这样看来,国际私法只是私法在国际领域的延续,在该领域需要额外的手段,但其使命与私法(甚至所有法律)一直以来的使命相同,即承认或拒绝、协调或权衡处于竞争中或冲突中的真正的人类利益。[150]

从国际私法使命的确定中,必然能得出其理论或方法;如果该理论或方法要提供公认的指导方向,它——就像在一般私法中一样——只能是利益法学,而且它更有可能更加精确地处理由国际性引发或者影响的特定利益。其必须涉及将国际情况的各种特性纳入对人类利益的评价、协调

---

[148] 卢曼的《法律社会学(第二版)》第 333 页以下对这些事实进行了令人印象深刻的总结。

[149] 在这个意义上,法语世界的学说特别明确,例如巴蒂福尔/拉加德写道:它是有关"个人在国际私法关系中的法律状况"(第 7 目);"国际社会"需要一个"由法律调整的明确秩序"。同样的还有卢苏阿尔恩/布雷尔(Lussouarn/Bourel):《国际私法》[D. i. p,(1978)]第 1 及下页;马耶尔(Mayer):《国际私法(第二版)》[D. i. p.^{2}(1983)]第 2 页;里戈:《国际私法》[D. i. p. (1968)]第 2 及以下页、第 27 及以下页。同样,莱茵施泰因在《比较法导论(第二版)》[Einführung in die Rechtsvergleichung^2(1987)]第 142 页写道:"冲突法的任务是确保在法律不可能统一的情况下,使其多样性不会令人不安。"

[150] 冯·巴尔在其《国际私法》第 434 页及以下也明确支持冲突法和实体法之间的任务平等原则。

和权衡之中,无论如何,这必须在纯粹的国内法律框架内进行。因此,柯里和克格尔所设想的概念,只要它们把利益放在首位,就必须让其继续发展,而不是予以拒绝。

三、进一步发展

如果有人声称国际私法具有所有私法被赋予的原始功能,那么很明显,这一领域利益法学的进一步发展,必须包括摆脱柯里和克格尔的设想中所固有的对现实的畏惧。无论如何,在西方世界的实体性私法中,没有与柯里的观点相呼应的内容,即在跨境的私法冲突中,判决必须排他性地且始终以实现公共利益为目的;在西方世界的实体性私法中,也不存在与克格尔的倾向相对应的内容,即只允许客观规律所赋予的假定利益,但不允许实际表达的或以其他方式具体确定的利益。相反,正如利益本身而言,利益法学在国际私法中也必须是现实的。对于利益法学的工作而言,由此自然而然地得出了重要的结论,即其首先是为了确定或者更确切地说是为了代表利益的意愿,以及为了将其纳入评价和权衡过程。

确定利益的结论将在下文进行具体说明,因为只有从这些结论中才能看出,现实主义的利益取向在何种程度上超越了柯里和克格尔提出的设想。随后,将阐述利益的评价和权衡问题。然而,这不应以抽象的方式进行,而应通过描述由此发展而来的利益法学对国际私法一些基本议题和范畴的影响的方式进行。

（一）原则

现实主义利益法学的首要工作原则必须是：在利益真实存在的地方，不要去否认利益；在利益不存在的地方，不要去捏造利益。换言之，利益法学要求的是，规范的形成和规范的适用应以对所有的利益进行评价和（在积极情况下的）权衡为基础，但仅限于那些主张支持或反对法律解决方案的（或至少可以被认为是可诉的）利益。这一工作原则一开始听起来可能微不足道，但它是利益法学超越柯里和克格尔所必需的重要补充步骤；其内涵将在下文予以阐明。

禁止否认利益，针对的是柯里对关注这种不能被描述为实体规范"政策"的利益表达的厌恶之情，[151]以及克格尔对他所假设的"典型"利益之外的其他利益——各方当事人以具体方式表达的利益——拒绝予以考虑的行为。[152]禁止捏造利益，主要针对的是在每一个国际私法案件中都必须对共同利益问题作出判断（柯里）的观念，[153]也许还针对克格尔的这种在面对本身就可以确定的当事人利益时却选择"秩序利益"的倾向。[154]

（二）利益

从正面看，利益现实主义意味着关于哪些利益值得考

---

[151] 参见注释㉙处的文字。
[152] 参见注释⑬²—⑬⁶处的文字。
[153] 参见注释⑭之前的文字。
[154] 参见注释⑬¹—⑬⁵处的文字。

虑的争论得到了缓解。例如,公共利益(公众利益)(通常通过"干预规范"和其他强制性法律来体现)就是这种情况:在克格尔看来,它们很难融入国际私法,因为后者只涉及私人的利益问题。[155] 然而,从现实来看,公众利益始终在私法中发挥着作用。在德国法律中,公众利益主要是通过禁止性法律和强制性标准(《民法典》第134条、第138条)来体现,对基本制度(如婚姻、亲子关系、财产、继承法、合同自由、竞争法)的介绍和规范则更有效地掩盖了这种利益。这种利益越来越多地体现在对某些群体或部门予以保护的法律(如劳动法、消费者法、保险法)中。这种公众利益的民法内在性也在理论上被越来越多的人所接受。[156] 如果这些利益实际上是可以确定的,那么,现实主义利益法学允许在国际私法中也考虑这种利益,在创制和适用规范时不必畏惧跨越边界或可能存在的"进口禁令"。[157]

然而,这种意义上的利益法学主要为国际私法的基本问题提供了答案:对于适用某一法律体系,不论其内容如

---

[155] 克格尔:《国际私法》,第92及以下诸页;克格尔:"祖宅和梦想之宅"第554页、第570及以下诸页。

[156] 例如,维亚克尔(Wieacker):《古典私法法典的社会模式》[Das Sozialmodell der klassischen Privatrechtsgesetzbücher(1953)]特别是第24及以下诸页;赖泽尔(Raiser):《私法的未来》[Die Zukunft des Privatrechts(1971)];格罗斯费尔德(Grossfeld):《民法的塑造使命》[Zivilrecht als Gestaltungsaufgabe (1977)]全书,特别是第82及以下诸页;吕特尔斯(Rüthers):《民法典总则(第六版)》[Allgemeiner Teil des BGB^6(1986)]第8及以下诸页。

[157] 在这方面,维特赫尔特的"国际遗产继承程序法"(Internationales Nachlassverfahrensrecht),载于《建议和专家意见(继承法)》第141—184页(第142及下页),和乔格斯的《论冲突法功能的转变》特别是第153及以下诸页、第156及以下诸页的分析和关切得到了证实。

何,是否"存在"自身的冲突法利益,以及是否只应尊重这些利益?[158] 或者,除此之外的或首要应予考虑的相关实体性法规的目的和内容以及从这些法规中获得的具体案件的结果是否值得关注?[159]

关于冲突法(国际私法)利益:只要看一眼国际经济贸易实践中的法律选择条款,就会发现这些条款本身即可能存在适用某一法律体系的利益。特别是在涉及提供大量服务的合同关系和长期合同关系的情况下,人们假设对某一特定法律选择有利害关系的当事人,总是将有关法律规定和所选择的法律为每一种可能因合同而产生的冲突提供解决方案的想法联系起来,这是不现实的。这一观点可以延伸至私法的所有领域:只要相关当事人对所涉实体性法规的内容一无所知或者毫不怀疑,而是普遍地信任某一法律制度,感到与之存在联系,或者愿意把查找"正确"法律的问题留给法官,[160]那么,不论所适用的法律内容如何,一般都能想象到适用法律上的冲突法利益。因此,只有在综合考虑了整个法律制度的适用利益时,利益法学才是现实的。

---

[158] 因此,克格尔(参见注释㉝之前的文字)和他的冲突法利益一道原则上是传统的欧洲观点,参见例如诺伊豪斯:《国际私法的基本概念(第二版)》,第43及以下诸页;冯·巴尔:《国际私法》第434及以下诸页。

[159] 柯里即如此(参见注释⑭之前的文字)。荣格尔最近在"国际私法的一般讲义"第263—322页详细论证了基于实体内容和结果的方法(在"目的论"一词下:"基于对裁判中的冲突规则的定性评价的选择过程"第321页)。

[160] 在标的额较小的案件和有官方格言的诉讼(in Verfahren mit Amtsmaxime)中,信任法官和所适用的法律也可能是更经济的行为方式。

当然，如同当事方意识到可供援引的法规的内容不同并认为其利益因此受到影响一样，纯粹的冲突法利益也会在一定程度上得到补充、出现叠加或者受到压制。⁽¹⁶¹⁾诚然，在冲突法规范形成的抽象层面上，还不能以当事各方对相关实体法规的这种意识以及受其影响的不同方式为前提；但是，在特定情况下，这些情况可能会操控在适用此法律或者彼法律时而产生的利益。以著名的"西班牙人案"为例⁽¹⁶²⁾：在该案中，各方当事人都很清楚，德国的实体婚姻法允许结婚，而西班牙的婚姻法则禁止结婚，这就是此事成为法律案件，从而必须在适用这些法律中的一个或另一个之间作出选择的原因。在这种情况下，(继续)假设双方当事人在适用各自的本国法方面享有利益，却不考虑这些法律的内容，那将是一种人为的解释；同样地，在具体案件中根本不存在适用法律方面的利益，却希望完全根据对这种利益的评价来作出法律适用决定也是人为的解释。国际私法不能忽视当事人对所涉法律体系内容的了解以及由此产生的适用利益，否则会损害其公信力。相反，它必须制定如何适当地处理此类利益的标准。这对将来似乎特别重要，因为法律人的国际流动性也在显著增强，随之而来的是他们对不同法律制度内容的实用的、快速运用的知识也在增长。

　　因此，在确定利益的层面上，原则问题必须以"两者兼而有之"来回答。以现实为导向的国际私法，必须考虑到纯

⁽¹⁶¹⁾　在荣格尔阐发其目的论方法所举的案例中就存在这种情况；荣格尔："国际私法的一般讲义"第131及以下诸页、第299及以下诸页。

⁽¹⁶²⁾　参见注释㉑—㉕处的文字。

第三章　新论据和进一步发展

粹的冲突法上的和以实体法为动机的适用利益（并准备将后者纳入权衡过程），原因在于这两者都可能源于社会关系的国际性。由此对技术和国际私法的正义理念所产生的结果，仍然将在这一背景下进行讨论。⑯

（三）各种情势

如果利益法学要考虑除了真正追求的利益以外的所有利益，就必须有能力区分需要进行利益分析的各种情势，尤其是必须能够区分规范的形成和规范的适用。

很显然，在冲突规范的形成阶段，无论是立法者、学说还是司法判例，一方面要处理在规范形成过程中已经或理应宣告的当前实际利益，⑭另一方面要处理在适用情况下将受到该规范（或对非规范化所作的决定）影响的纯粹假定的将来利益。如果该规范具有普遍性，那么相关当事人的未来利益当然只能被抽象地认为是某些相关当事人的典型的、普遍的利益。因此，对于这种情况，如果克格尔和他的学派假设冲突法只需估算典型的、"推定的"利益，那么他们肯定会表示同意。⑯

然而，在规范的适用中，利益的情况是有所不同的。在

---

⑯　参见注释⑳之前的文字及注释㉔㉕—㉗处的文字。
⑭　关于这一点，进一步参见舒里希：《冲突规范和实体法》第 96 及下页、第 184 及以下诸页："法律形成的矢量"（Vektoren der Rechtsbildung）。
⑯　对此，参见克格尔（注释⑬—⑬处的文字）；舒里希：《冲突规范和实体法》第 185 页；吕德里茨："当事人利益中的连结因素"第 40 页。同样如此的有诺伊豪斯：《国际私法的基本概念（第二版）》第 108 及以下诸页、第 167 页。

这里，在规范形成过程中所宣告的（所考虑的或者所拒绝的）利益在现实中只能在事后被想象成具体的利益，而具体当事人的利益现在被添加到当时想象的、现在仍然可以想象的潜在相关方的典型利益中。将这些目前相互竞争的利益原则性地排除在判决过程之外，[136]这在私法中是不寻常的。它也不是利益法学，因为它所关注的正是将现有的具体利益与立法者所想象并概括的潜在相关方的利益进行比较，并据此确定法律的适用。[137]对于一个致力于追求现实主义利益取向的立场而言，将这些利益排除在外，忽略一部分的现实利益，完全是不可接受的。正是在这一点上，它必须最明确地超越之前对冲突法所要求的利益取向。

从现实的角度来看，甚至可以在规范适用层面上对不同的情况进行区分。举个例子：对同一个人而言，对于适用此种或者彼种有关离婚条件和离婚后果的法律的利益可能是不同的，这取决于其在没有具体离婚理由的情况下是否在总体上寻求对自己婚姻状况的定位，取决于这发生在缔结婚姻时、婚姻开始时还是之后的婚姻存续期间，取决于是因为心理疏远还是婚姻纠纷产生了离婚的想法，取决于其

---

[136] 特别参见克格尔（注释[134]—[137]处的文字）。
[137] 从这个意义上说，米勒—埃茨巴赫（Müller-Erzbach）在《德国法学家报》（DJZ）第 11 卷（1906）第 1235—1238 页发表的论文"在真实的基础上查找法律"（Rechtsfindung auf realer Grundlage）阐述得特别清楚，该论文第 1235 页写道："法官的活动与立法者的活动所不同，只在于立法者决定典型案件，而法官则根据立法者的这个决定来对具体案件进行裁判。如果法官真的想把他的裁判建立在法律的内容而不仅仅是形式（措辞和概念）上，他必须审查利益情况是否与立法者的典型情况相同。"[该文也转载于《利益法学》（Interessenjurisprudenz，1974）第 36—40 页]。

第三章 新论据和进一步发展

已经决定离婚还是面临来自配偶的离婚请求。那么,利益的方向也会因为已经告知夫妻双方相关离婚法内容的程度以及此种告知的可靠程度而受到不同的影响。[163] 当然,对不同的具体利益方向进行考虑,并不意味着最终必须认为所有这些利益方向都与决策相关。然而,现实的利益法学必须努力查明根据情势和因国际性而产生的不同实际法律需求,并且在任何情况下都要承认它们是后续评价和权衡的起点。

最后,当涉及未决诉讼中的规范适用问题时,这一系列可能出现的利益情况就已经进入了一个特殊阶段。这一阶段值得从利益的角度进行独立的分析,因为未决诉讼会对所要适用的法律的特性产生影响。从这一时刻开始,受理诉讼的法官(或受理机构,如户籍登记处)的知识、理解和能力,决定了其希望遵守的法律将以怎样的内容、怎样的完整性和怎样的精神得以适用。在国际法律关系中,我们必须面对的一个生活事实是:法官通过学习和专业实践熟谙本国法律并且能应用自如,而在涉及外国法律时往往较为困难。有关外国法律的知识通常必须通过专家咨询或者有针对性地逐条逐项地研究相关文献来获得。法官很少能够像对其本国法律中从一开始就一直存在的联系和精神一样,为了手头的案件去领悟和阐释外国法律体系间更深层的联系和精神。从另一方面来看,法律在质量上的不同,取决于它是在其本国还是在外国适用,并且法律在国外适用的质

---

[163] 参见注释第[161][162]处的文字。

量也会有所不同,这取决于外国法官是通过自己对现有的大量原始材料的研究,还是只能通过二手资料或通过专家等方式,从而相对容易或者非常困难地熟谙法律;例如,德国法院和机关对瑞士法律的适用与对阿根廷或印度法律的适用可能存在质量上的差异,而澳大利亚法律在英国与在法国的适用也不尽相同。

从适用外国法律的这些基本事实出发,提出了如下建议:冲突规范所指引的外国法律,只应在选择性、任意性的基础上即在明确请求的情况下予以适用。⑯ 这条建议在德国学术文献中备受争议。⑰ 然而,人们不需要成为任意性冲突法的支持者,就能认识到:从现实的角度来看,当事人在适用此法律或彼法律方面所拥有的利益可能取决于这样一个事实,即所考虑的法律是在其本国适用还是在外国法院适用。⑰ 在国际合同法中,这种利益通常都是从管辖法院协议,特别是那些确立排他性国际管辖权的协议,以及根据默示协议也包括实体性的法院地法进行考虑的。⑰ 对这里所讨论的最可能实现的利益的确定层面而言,强调法院也是一个可以确定冲突法利益(法律适用的利益)的因素便

---

⑯ 参见弗莱斯纳:"任意性冲突法"(Fakultatives Kollisionsrecht),载于《拉贝尔杂志》第 34 卷(1970)第 547—584 页(第 567 及以下诸页);施图尔姆(Sturm):"任意性冲突法"(Fakultatives Kollisionsrecht),载于《茨威格特祝寿文集》第 329—351 页。

⑰ 更多细节,参见注释⑲—⑳处的文字。

⑰ 例如,舒里希:《冲突规范和实体法》第 349 及下页,拒绝了选择性的冲突法,但承认当事人的指定利益是一个可能的权衡因素。

⑰ 关于这一点,例如赖特曼/马丁尼(Reithmann/Martiny):《国际合同法(第四版)》[Internationales Vertragsrecht^4,(1988)]段号 47、48。

第三章 新论据和进一步发展 73

足矣。至于如何评价它以及如何将它与其他因素进行权衡，则仍有待讨论。⑬

（四）利害关系方

最后，如果利益法学要切合实际，就不能忽视这样一个事实，即利益是以利害关系人的存在（至少是可以想象的）为前提的。国际私法也必须满足人类的需求，而不是那些完全不依赖于能够"拥有"它们的个体，却能被推测并自行确定其大小的所谓"利益"。没有"想要什么"（或曾经想要什么）的人的那些"利益"，在评价和权衡时可能作为这个（但具有误导性）名称的好论据，却不是一个严肃的利益法学想要确立、然后使其成为评价和权衡对象的、真正的利益。⑭

对柯里利益学说的分析，已经表明了这意味着什么。这种学说是不切实际的，因为它试图假定国家在跨境案件中的法律适用方面的利益，而不管国家主管当局是否曾经以真实的方式表达过这种利益。然而，如果没有相应的意愿形成和意愿表达，在进行实际考量时，就不能将政治体视为某一具体法律适用问题的利害关系方。要摆脱这种困境，唯一的方法就是人们至少在具体案件中将法院本身（也许还有协助它的学术界）提升为共同利益的主管代言者——但这在理论上和方法上都不能令人满意（如果不是

---

⑬ 参见注释㉔—㊷、㊼—⑮处的文字。
⑭ 关于需求和"曾经想要"意义上的利益与它们的评价之间的明确区别，参见舒里希：《冲突规范和实体法》第96页、第184及以下诸页；吕德里茨：《国际私法》第46页。

可疑的话),因为那将意味着法院就必须像在自己审理的案件中一样,创设出它应该事先评估的利益。

类似的考虑受到了在德国国际私法学界具有一定影响力的基本立场的挑战。其中包括与维特赫尔特(Wiethölter)和乔格斯(Joerges)这两个人名相关的思维方式,人们称之为"国际私法的政治学派"[15]。这一学派认为,自从国家和社会分离这种带有19世纪自由资产阶级烙印的现象被消除后,私法的功能发生了深刻的变化。现在,私法不再被视为一种除国家之外的公民自由的组织法和保护法,而应被理解为国家用以塑造社会、实现社会政治控制的一种手段。冲突法也必须正视这种功能的变化,从实体私法本身出发,从其自身的政治、社会和经济目的与功能中确定其国际适用范围。[16]

不出所料,像私法"国家化"[17]这样一种根深蒂固、影响

---

[15] 维特赫尔特:"国际遗产继承程序法";乔格斯:《论冲突法功能的转变》。报告和评述,例如诺伊豪斯:"欧洲国际私法的新路径"(Neue Wege im europäischen IPR),载于《拉贝尔杂志》第35卷(1971)第401—428及以下诸页(第403及以下诸页);E.雷宾德:"论国际私法的政治化"第151及以下诸页;格克(Goerke):"对国际私法方法论争议的评论"(Bemerkungen zum Methodenstreit im IPR),载于《新法学周刊》1975年第1587—1589页;索嫩贝尔格主编:《民法典慕尼黑评论:第七卷(国际私法导论)》段号9及以下诸页。

[16] 乔格斯:《论冲突法功能的转变》第156及以下诸页;乔格斯:"国际私法的经典概念和不正当竞争法"(Die klassische Konzeption des IPR und das Recht des unlauteren Wettbewerbs),载于《拉贝尔杂志》第36卷(1972)第421—491页(第467及以下诸页)。

[17] 乔格斯(Joerges):"评E.洛伦茨的《国际私法的结构》"(Besprechung von E. Lorenz, Zur Struktur des IPR),载于《民法实务档案》第178卷(1978)第572—578页(第577页)。

深远的理论仍然备受争议。⑱然而,即使它被人们接受,从现实主义利益法学的角度来看,由此得出的结论和对国际私法提出的要求也是毫无根据的。意愿的真实表达,是将政治体(社会,国家)构建为决定法律适用的真正利害关系方,这种表达通常可以在所谓的干预规范中找到,即那些旨在为确切的公共或普遍利益而调整私人法律关系的法规,例如进出口禁令、外汇法、卡特尔禁令、安全条款、一般交易条件监管法等。当然,如果它们自身包含有关其国际适用范围的规定,如《反限制竞争法》第 98 条第 2 款和《一般交易条件规制法》第 12 条,那么也是如此。然而,对于在《民法典》《商法典》及其"传统"附属法律中发现的较大的民法领域,只需要简单地说,联邦德国政体"联邦共和国"(议会、政府、联邦当局),哪怕是关联较远的主管机构都没有接受关于私法的社会塑造目标及其对德国私法的国际执行的影响这一命题。但是,在真正的意义上,一个国家,并不会因为假定其法律在措辞基本不变的情况下对其功能有科学的认识,而成为法律适用的利害关系方。

　　重要的是应当认识到,这种对国际私法中的政治学派式的利益法学分析并不是批评其价值观,而是在质疑其有关真正的利益情况的事实根据。它本来可以是另外一回事

---

　　⑱　例如策尔纳(Zöllner)最近在论文"20 世纪末的民法学和民法"(Zivilrechtswissenschaft und Zivilrecht im ausgehenden 20. Jahrhundert),载于《民法实务档案》第 188 卷(1988)第 85—100 页中通过文献佐证,证实了对私法功能变化论的反驳;策尔纳:"私法的政治意义"(Die politische Rolle des Privatrechts),载于《法学教育》(JuS)1988 年第 329—336 页。

（撇开宪法不谈），但在这里却并非如此，与之相对应的是德意志民主共和国。在德意志民主共和国，原《民法典》在被新《民法典》取代之前，和那里的所有"民法"一样，被国家学说以及权威的党和政府声明"赋予"了作为社会主义建设中国家权力（统治阶级）的工具的功能。[129] 在像德意志民主共和国这样由共产党统治的国家，否认国家在其民法的地域适用范围内的真正利益是不现实的，而且，只要在其本国的国际私法中没有表达在国际上适用的意愿[130]，就不能从这种民法本身所明确宣布的功能中确定这种利益。在德意志联邦共和国，尚未发生过类似的官方利益声明事件（当然，在这里，它将西方民主国家可以接受的目标归入民法）。事实上，国际私法并没有出现任何与法律相关的"政治化"现象，原因在于法律上从未设想过这种政治意愿。[131]

从利益法学的角度来看，另一个值得怀疑的立场是文格勒（Wengler）和埃贡·洛伦茨（Egon Lorenz）提出的命

---

[129] 20世纪50年代正式出版的民法教科书，例如多恩贝格尔（Dornberger）、克莱内（Kleine）、克林格尔（Klinger）、波施（Posch）：《德意志民主共和国民法总论》[Das Zivilrecht der Deutschen Demokratischen Republik, Allgemeiner Teil(1954)]第7及以下诸页明确体现了这一点，该书第101及以下诸页则论及旧《民法典》为新制度服务。茨威格特/克茨的《比较法导论：第一卷（第二版）》[Einführung in die Rechtsvergleichung^2 I (1984)]第339页对于马克思列宁主义法律观中法律的工具性进行了一般性论述："法律的政治社会功能化（被）提升到了原则层面。"

[130] 在这期间，德意志民主共和国1975年12月5日《法律适用法》（载《法律公报》I 第748页）也是如此。

[131] 在《〈重新规定国际私法的法律〉（政府草案）论证说明》（联邦议院第10/504号印刷品，第25及下页）中也是如此，明确拒绝了为实际立法目的而提出的政治化论调。

题,即国际私法在本质上就与平等问题有关。根据这些作者的说法,国际案件情势因有涉外因素(文格勒:"异质联系")而与纯粹的国内案件(文格勒:"同质联系")有所不同。重要的是,应根据对其纯国内案件予以最同等对待的那种国家的法律来判断国际案件情势,反之,要避免适用对其纯国内案件不予以同等对待的国家的法律制度。[182] 这一学说的本质是:"冲突法的目的,就是在对具有涉外因素的案件作出判决时贯彻平等原则。"[183]

从现实角度考虑,会产生两种相互对立的意见:一方面,确切地说,国际性恰恰不是案件情势的特征,而是围绕这种案件情势的法律状况的特征。例如,一项合同的订立、履行和不履行,无论它们作为纯粹的国内案件只发生在 A 国还是 B 国境内,其行为构成都是一样的。这些案件的区别在于其直接的法律效力:在第一种情况下,适用 A 国的法律,而在另一种情况下,当然适用 B 国的法律。

另一方面,国际案件不同于纯粹的国内案件(也许通信、运输和海关问题除外——这些问题并不会引发国际私法问题),只是因为这种法律效力,即国内法的适用性,不再是不言而喻的。国际私法必须为由此产生的法律上的不确定性提供解决方法。试图通过将问题界定为案件情势本身

---

[182] 文格勒:《国际私法》第 61—70 页;E. 洛伦茨:《论国际私法的结构》[Zur Struktur des IPR(1977)]第 60—93 页。

[183] E. 洛伦茨:"德国国际私法的改革——对其基础的评论"(Die Reform des deutschen IPR—Bemerkungen zu ihren Grundlagen),载于《法律政策杂志》(ZRP)1982 年第 148—156 页(第 149 页)。

的平等或不平等这种方式来解决这个问题似乎是徒劳的。换言之,为了能够根据其中一种合适的实体法来裁判跨境案件,人们应将这些案件所造成的日益艰难的法律困境视为案件情势本身的一个独特因素。

然而,从所涉利益的角度来看,有关平等的命题似乎更值得怀疑。由于它根据平等原则来运作,而不论在具体或典型案件中当事人是否要求平等以及在哪个方面要求平等,因此国际私法根本不以任何平等的利益以及任何可想象的平等利害关系方为前提。相反,平等的理念在这里应被理解为客观的公平原则,即把案件情势分配给各种法律制度,而不是被理解为主观正当性的创立者。[18] 这在对待当事人意思自治方面最为明显。从利益法学的角度来看,它本应解决平等问题。当事人双方已经通过选择法律(前提是它不违反共同体价值观或者正义)表明,适用所选择的法律可能造成的客观上可见的"违背平等"的现象并不会困扰他们,或者对他们来说,所选择的法律就是最有可能把其纯国内案件与他们的情况同等对待的法律。无论如何,上述平等理由均不能构成反对这种意愿表达的根据。

但是,文格勒和洛伦茨的观点往往不同。对于文格勒来说,在国际情境下,限制而不是扩大人类自由似乎是"不

---

[18] 文格勒的《国际私法》全书均为如此,特别是第 63—70 页、第 193 及以下诸页,例如第 73 页写道:"为管理参与国的国内权利而对异质联系情况进行平等分配的概念。"显然还有洛伦茨《论国际私法的结构》一书第 63 页中提到柏拉图和亚里士多德。

可避免的",并且通过"事情的性质"证明是合理的。[185] 对洛伦茨而言,当事人意思自治提出了一个问题,即"在具有客观联系的情况下,应予适用的法律在多大程度上具有标准功能",更具体地说:"某一法律关系由于其具有涉外因素而客观上受制于某一特定国家的法律,并因此被视同其国内案件,在这种情况下,该法律关系的当事人是否能够被给予比这种国内案件的当事人更多的意思自治?"[186]纯国内案件的参与者是否因其他人——外国案件的参与者——被允许做比自己更多的事情而感到受损,显然无关紧要。这一点以及下述事实,即洛伦茨完全(而且只在这里)关注那些与有待裁判的国际案件无关的人的利益,并且他还想以牺牲那些实际受国际性影响的人的利益为代价来践行平等原则,均清楚地表明,这种平等理论是对利益法学的一种明显"异化"(aliud)。在这场有关平等原则的客观分配博弈中,利害关系方对(平等)利益的自我界定只会导致愤怒,而不是缓解。

(五) 虚构

归根结底,现实主义利益法学的假设是:对于每一种值得评价和权衡的利益,利害关系方必须(至少尽可能)是可以具体确认的。从这方面来看,克格尔所列举的各种利益[187]最终也无法避免陷入自我虚幻。对于当事人利益,前面已有

---

[185] 文格勒:《国际私法》第 67 及下页。
[186] E. 洛伦茨:"德国国际私法的改革——对其基础的评论"第 155 页。
[187] 克格尔:《国际私法》第 82 及以下诸页。

阐述。⑱ 然而，特别不堪一击的是他所谓的秩序利益，⑲ 例如，判决的内部一致性和外部一致性方面的秩序利益，或者清晰的、易于确定的连结因素方面的秩序利益。⑳ 在具体案件中，如果参与者本身或者——抽象地看——潜在的参与者为了其他合法利益（例如，"他们的"当事人利益）而无视秩序利益，甚至通过当事人意思自治选择本国规则来满足这些利益时，这一点就体现得尤为明显。那么，谁还真的拥有这种秩序利益，能够用它严重阻碍各方当事人的具体利益或者除了秩序利益以外的其他利益？例如，"西班牙人婚姻案"之所以只能成为一个宪法问题，是因为在冲突法层面上，未能确定在适用西班牙法律以防止此类婚姻的秩序利益损失方面的承受者，也没有将其利益立场与那些有结婚意愿的各方利益立场进行比较，而后者显然（而且本身是合法的）不愿意这样做。这早就体现了这些相互对立的利益的相对重要性，并将会阻止构成婚姻障碍的利益在多年内成为主导因素。

---

⑱ 参见注释⑫—⑬处的文字。
⑲ 克格尔：《国际私法》第86及以下诸页。
⑳ 参见例如克格尔：《国际私法》第279及以下诸页。

第四章 影 响

利益法学,应如何进一步发展成为一种现实的理论和方法,已经在前文的利益确定阶段进行了阐述。现在,我们需要继续阐述利益法学的以下两个步骤:(1)对利益进行评估,从而剔除那些本身不值得关注的利益;(2)当其他的合法利益相互发生冲突时,对这些利益进行权衡。然而,经验表明,以清单形式对整个法律领域的价值尺度和权衡标准进行抽象描述仍然过于开放,因而是没有实际效果的,因为其无法确定具有普遍有效性的优先顺序。为此,下文针对国际私法的一些核心议题,具体说明具有利益评价和权衡功能的利益法学在有意识地以现实为导向的情况下将如何发挥作用。

一、多边性和单边性

(一)引言

根据欧洲大陆流行的观点,所有的冲突法都应根据其规则是单边的还是多边的来进行分类(和判断)。单边的冲突规范只确定一个法律体系通常是自己本国法律体系的适用范围,但当根据这种冲突规范不应适用其内国法时,却不说明应适用哪一其他国家的法律。例如,旧文本的《民法典施行法》第 14 条规定:"如果夫妻双方均为德国人,则婚姻的人身效力由德国法律决定。"反之,多边冲突规范却对内国和外国法律一视同仁,而有可能援引任何法律制度的规定。例如,现行文本的《民法典施行法》第 14 条规定:"婚姻的人身效力,由夫妻双方的国籍所属国法律确定。"[⑲]

根据欧洲的主流观点,多边冲突规范在国际私法领域被认为是较为完善的状态。它们代表了萨维尼学说在法则区别说(Statutenlehre)衰弱后所取得的进步:从质疑"法律关系"(生活关系、案件事实)出发,尊重所有民事法律制度的平等性和等价性,尽可能实现判决一致。[⑫] 在欧

[⑲] 一般而言,对于多边冲突规范的结构和内容,参见例如克格尔:《国际私法》第 186 及下页、第 193 及下页;冯·巴尔:《国际私法》第 13 页;凯勒/西尔:《国际私法的一般理论》第 141 及下页、第 293 及下页;吕德里茨:《国际私法》,第 33 及下页;诺伊豪斯:《国际私法的基本概念(第二版)》第 101 页;拉佩/施图尔姆:《国际私法:第一卷(第六版)》[IPR^6 I(1977)],第 94 及下页。

[⑫] 具体参见例如克格尔:《国际私法》第 193 及下页;冯·巴尔:《国际私法》第 199 及下页;诺伊豪斯:《国际私法的基本概念(第二版)》第 101 及以下诸页;马丁·沃尔夫(M. Wolff):《德国国际私法(第三版)》[Das IPR Deutschlands^3(1954)]第 34 及下页;拉佩/施图尔姆:《国际私法:第一卷(第六版)》,第 95 页;拉利夫(Lalive):"国际私法的趋势与方法"(Tendances et methodes en d. i. p),载于《海牙国际法演讲集》第 155 卷(1977-Ⅱ)第 1—424 页(第 101 及以下诸页、第 326 及以下诸页)。戈托特(Gothot)被广为引用的论文"单边主义趋势在国际私法领域的复兴"(Le renouveau de la tendance unilateraliste en d. i. p),载于《国际私法评论》(Rev. crit. d. i. p)1971 年第 1—61 页认为多边主义学说"如今几乎已被普遍性接受"。

洲,单边主义的"体系"一次又一次地反对这一概念[皮朗科(Pilenko)、夸特里(Quadri)、尼布瓦耶(Niboyet)],但并未占据主导地位。⑬ 德国的主流观点认为它是一种遐想、白日梦,是向法则区别说时代的倒退,是与世界性国际私法的精神和功能⑭相悖的,或者根本不切实际。⑮ 有鉴于此,旧文本的《民法典施行法》似乎是一件不完美的艺术作品,不仅因为它没有对重要事项(首先是国际债法、物权法)作出规定,还因为它对于所调整的事项(家庭法和继承法)在大多数情况下只包含单边冲突规范。当前所取得的进展是通过司法判例将法律规则"扩展"为多边规范,⑯并且最终通过1986年《重新规定国际私法的法律》确保并完成了多边

---

⑬ 详细论述,参见维特赫尔特:《作为国际私法基础的单边冲突规范》[Einseitige Kollisionsnormen als Grundlage des IPR(1956)]。更多的新近例证,参见舒里希:《冲突规范与实体法》第29及以下诸页;凯勒/西尔:《国际私法的一般理论》第110—112页。

⑭ 主流的评价参见注释⑬⑫中的例证。凯勒/西尔在其书第294页的观点是比较克制的。然而,通过舒里希的《冲突规范与实体法》第89—94、109—115页的论述,人们在非常仔细的洞察中会认识到,多边性和从事实出发的思维,以及单边性和从法律出发的规范思维,并没有必然联系。然而,这几组相互对立的思维,以及将多边性与"古典的"萨维尼国际私法的目标相提并论,舒里希也认为在"多边的"和"单边的"理论之间存在着贯穿于当今国际私法理论的"最重要的系统性矛盾"(第75页),是"国际私法的主要矛盾"(第192页)。

⑮ 例如舒里希:《冲突规范与实体法》第78、291、295页;冯·巴尔:《国际私法》第434及下页。

⑯ 指导性判例:帝国法院1906年2月15日的判决,载于《帝国法院民事裁判汇编》(RGZ)第62卷第400页。贝恩的《〈民法典施行法〉中的单边冲突规范的形成史》第195—293页有特别详细的阐述。

化改造。[197]

当试图通过一种特别规范或者通过解释实体法规范本身来确定国内实体法中的某些规范的国际适用范围时,也会产生冲突法意义上的单边主义。然后,就会有一种具有自定适用范围的实体规范——克格尔称之为"自以为是的实体规范"。[198] 此类规范出现在保护公众利益的强制性法律中(纯粹的公法,但还有《反限制竞争法》第98条第2款、《一般交易条件规制法》第12条),它们出现在依从性法律中也是可以想象的。[199] 从这个意义上说,柯里的利益理论也必须归结为单边主义[200](如果它完全关注规范的形成,而不仅仅是根据个案作出裁决的"方法")。在普遍主义的理想之前,这本身就是捍卫这一学说的一个有力论据;它被描述为"新法则主义"(neostatutisch),因此被怀疑是倒退的。[201]

---

[197] 在《〈重新规定国际私法的法律〉(政府草案)论证说明》[联邦议院第10/504号印刷品第29及下页=皮龙:《〈重新规定国际私法的法律〉生效后的国际私法和国际程序法:文本、材料及说明》第104及下页)]中,明确强调了现在普遍采用的多边主义。

[198] 克格尔:《国际私法》第192及下页;也参见冯·巴尔:《国际私法》第195及以下诸页;凯勒/西尔:《国际私法的一般理论》第242及以下诸页;这些均有其他的参考文献资料。

[199] 例如,对《民法典》第244条就可以这样理解。参见克格尔:《国际私法》,第741页。

[200] 关于这方面的细节,舒里希的《冲突规范与实体法》一书第301页及以下有其他例证。

[201] 参见例如利普施泰因(Lipstein):《冲突法原理》[Principles of the Conflict of Laws(1981)]第36及以下诸页=《海牙国际法演讲集》第135卷(1972-Ⅰ)第97—230页(第154及以下诸页)。

(二) 批判

在利益法学看来,多边性或者单边性并不是冲突法的原则问题,更不是质量标准。它关切的是冲突规范满足(或者令人满意地拒绝)实际利益。通过单边性还是多边性地指引法律适用来更好地做到这一点,取决于利益以及利益的方向、力量和评估,而不是对一种或者另一种法律规范进行抽象的价值评判。因此,对世界上以民族国家为主的组织而言,单边的冲突规范(无论是明示的规范还是通过对实体规范的解释得出的规范)在大多数情况下是为通过调控性法律和干预性法律所追求的公众利益确定国际影响范围的唯一现实途径。为这些利益所制定的多边冲突规范,需要国家间的协议(通常在干预和调控法中是不存在的),或者国家之间在个别干预领域内的稳定的利益平等,这将使它们各自的干预规范在国际上能被接受且具有可替代性。[20] 因此,除了国家间的协议和利益平等之外,从长远来

---

[20] 这是茨威格特在"国际私法与国际公法"(IPR und öffentliches Recht){载于《基尔大学国际法研究所五十年(1965)》[Fünfzig Jahre Institut für Internationales Recht an der Universität Kiel(1965)]第 124—141 页,综述转载于《拉贝尔杂志》第 31 卷(1967)第 368 页}所表达的愿景。关于这一点,诺伊豪斯的《国际私法的基本概念(第二版)》第 40 页以下也有说明。现在,更具体地说,克格尔在《国际私法》第 717—719、722、744、764—766 页主张在利益平等的情况下,在德国直接适用外国干预性和禁止性的法律,这在多边冲突规范的实质上近似于他的"利益平等原则"。在最新的"经济法的域外适用"专题讨论会(1986)上,德罗布尼希、巴泽多、西尔、里戈、洛(Lowe)、梅斯特梅克(Mestmäcker)均提交了论文,并刊发于《拉贝尔杂志》第 52 卷(1988)第 1—255 页。

看，单边冲突规范在国家社会形态领域将是可预期的，同时这也从"经典"国际私法的角度得到了承认。[203]

然而，承认单边冲突规范的基本存在权，并不意味着在经济和社会政策性的法律分配给它的适用范围之外的其他领域，冲突法的多边性就应该占上风，[204]至少在通常意义上，本国法和外国法都是通过相同连结点的指引获得适用的。诚然，在私法中，在经济和社会政策所规范的目标领域之外，几乎永远不会有法律上界定的、必须凭借单边冲突规范来满足的国家对适用其本国法的利益。[205]但是，因此还不能认为该领域对多边的冲突法调整始终存在着一致的、强烈的利益。这将在下文以德国法院所处理的德国人和外国人在属人法事项中的不同利益状况为例加以阐明。

对于居住在德国的德国人来说，对只适用德国法具有正当利益的情形是可以想象的；这种利益可以通过单边的冲突规范得到满足（但纯粹的国内案件除外，因为冲突规范此时被认为是多余的）。[206] 居住在国外的德国人，如果主张

---

[203] 参见例如诺伊豪斯：《国际私法的基本概念（第二版）》，第 40 页："（我们）将不得不接受国际私法的两极性。"

[204] 但是，从诺伊豪斯《国际私法的基本概念（第二版）》第 41 页的观点来看，是一贯如此。

[205] 参见注释[173]—[188]处文字，原则上参见舒里希《冲突规范与实体法》第 289 及以下诸页。

[206] 这类观点的有：E. 洛伦茨："从保险合同的视角论新国际合同法"（Zum neuen internationalen Vertragsrecht aus versicherungsvertraglicher Sicht），载于《克格尔祝寿文集》第 310 及下页；吕德里茨："过渡期的国际私法"（IPR im Übergang），载于《克格尔祝寿文集》第 345 及以下诸页；以及吕德里茨：《国际私法》第 4 及下页（均针对克格尔：《国际私法》第 5 页）。

由德国法所规定的本国法院管辖,[207]通常也会对适用德国法律具有利益,即单边的冲突规范将充分满足他们的需求。由于本国法院管辖为居住在国外的公民提供司法庇护,因此他们对本国司法的信任应被考虑在内。[208]然而,这种信任通常还包括期望本国法院会根据所信赖的本国法作出裁判。如果在国外的德国人自己并未要求由本国法院管辖,而是因另一方(例如在婚姻、亲子关系或者扶养案件中)而卷入诉讼,情况可能会有所不同。在这些情况下,(对德国当事人来说)可以想象其对于适用(外国)住所地法的利益,并因此在一个多边的冲突规范中通过住所地(或者居住地)这种连结因素来尊重这种利益(例如现在,在某些条件下,《民法典施行法》第14条第1款第2项和第18条第3款)。

住所地在国外的外国人,如果其法律关系与德国无任何关联,则没有资格成为德国冲突规范的"客户"。在德国的外国人(以及居住在德国并与其有法律关系的外国人)在冲突法上的利益则可能不同:一方面,可能会指向本国法,只有通过以国籍为连结因素的多边冲突规范才能考虑到这种利益;另一方面,该利益可能指向适用德国法律,因为这时德国法律才是实际上调整社会环境的法律,或者(且)因为它是法院地法。就这种利益的考量而言,以住所地或居住地为连结因素或者仅仅以德国法院和当局的行动为连结

---

[207] 例如,对于离婚(《民事诉讼法》第606a条第1项)、亲子关系(《民事诉讼法》第640a条第2款)、监护(《非讼事件法》第35a条)、收养(《非讼事件法》第43b条)。

[208] 克格尔:《国际私法》第685页。

因素的单边冲突规范即足以实现。

有关"利益"主题的这些差异表明,仅在特定的利益情况下才需要多边冲突规范,但这些利益情况因冲突法上利益产生的前提条件、方向和强度不同而迥然各异。通常而言,德国人只有在身处国外时才对德国的多边冲突规范具有利益,但也只是在他们涉及由本国法院管辖的案件且冲突规范以住所地或居住地为连结因素时才会如此。反之,在德国的外国人(以及与德国有法律关系且身在国外的外国人)需要德国的多边冲突规范,但也只是他们对适用本国法律具有利益时才会如此。由于情况和利益导向的不可比性,不能假设对于冲突规范的多边性方面(在国外的德国人对适用住所地法律,在德国的外国人对适用其本国的法律)的那些可想象的利益理应具有相同的强度。

综上所述,应否制定多边或单边的冲突规范以及其内容是什么,取决于立法者对于某些主题领域和事实情况通常假设有哪些关联利益,以及立法者如何评价这些利益。冲突法的多边性(或者单边性)本身并不存在真正的普遍利益。这种情况也不能用这样的假定来设想,即至少在纯粹的私法中,国内法院(所援引)的冲突法必须确保法律制度的平等。自萨维尼以来,同样的传统观点一再援引这一假设。[209] 对私法而言,正确地假定(而且恰恰是为了支持多边性的理想)法律制度在外国法院得以适用的利益,以及因此

---

[209] 来自最近的教科书文献,例如克格尔:《国际私法》第 194 页;冯·巴尔:《国际私法》第 199、411 页;凯勒、西尔:《国际私法的一般理论》第 116 页;菲尔兴:《国际私法导论(第三版)》第 4 页。

在该国享有平等权利的利益,实际上并不存在,⑩而(从法院看)有关的法律制度只是"作为纯粹规制建议……或者精神存在",⑪以用于作出适当的选择。⑫从利益法学的角度来看,冲突规范的多边性或者单边性并不是发达的国际私法的目标和终点,而是创制规范的技术手段,在使用这一技术时根据利益状况和利益评估的不同而可能有所差异。

(三) 回顾与区分

如果多边性不再是冲突法的理想,甚至不再是首选项,而是可以根据主题和利益状况或多或少地被应用,那么,德国国际私法过去100年的历史将以新的方式呈现。1896年通过的《民法典施行法》中的冲突规范一直被德国学界认为是内容贫乏的、令人反感的,⑬这也是因为它们为了所谓

---

⑩ 参见注释⑰—⑱处的文字,详细情况参见舒里希的《冲突规范与实体法》第289页以下关于单边性理论的论述。

⑪ 吕德里茨:《国际私法》第34页。

⑫ 法语文献也非常清楚,例如巴蒂福尔在《国际私法的哲学观》第19及以下诸页、第136页写道:国际私法使得在"脑海里浮现的解决方案"之间作出合理的选择成为可能;马耶尔在《国际私法(第二版)》第65及以下诸页写道:"国际私法调整的是因案情的国际性而在多种法律规定之间如何选择的问题。"(特别参见第65、69、72、91、92页)

⑬ 文献中的表述:"弄残"(Verstümmelung)、"立法无知的标志"(Denkmal gesetzgeberischer Unkunst)、"错位的躯干雕像"(deplazierter Torso)、"粗制品"(Machwerk);在贝恩的《民法典施行法》中的单边冲突规范形成史》第11页中得到证实。对于批评,也参见拉佩/施图尔姆:《国际私法:第一卷(第六版)》第95页;科基施(Korkisch)《德国国际私法编纂的秘密资料》[Die geheimen Materialien zur Kodifikation des deutschen IPR(1973)]第1页的有关论述。

对外政策上的优势以及确保德国法律更广泛的适用范围，只规定了德国法律的适用，即德国国际私法并没有将外国实体法"平等地纳入其照管范围"[214]。然而事实上，导致《民法典施行法》中单边国际私法规范占据主导地位的，不仅是出于政治和民族主义考量，还有实际顾虑[215]。如今，这已从《汉萨城市同盟草案》的论证说明得以非常清楚地体现，该草案显然为成文法上国际私法规定的产生提供了决定性的推动力；[216]它的实际拟订者是长期（自 1879 年起）在汉堡担任汉萨同盟高等法院院长的恩斯特·弗里德里希·西维金（Ernst Friedrich Sieveking）。[217] 在该草案的论证中，他从丰富的实践和司法视角强调，鉴于利益和法律制度的多元性，多边冲突规范的后果是无法控制和展望的，因此建议限定指引的范围。[218]

这样就被纳入法律制定阶段的实际原因在随后的时期没有得到重视，原因在于《民法典施行法》的完整材料直到

---

[214] 这是冯·巴尔《国际私法》第 199 页在阐释有关"隐藏"在实体规范中的单边冲突规范的学说时的措辞。

[215] 科基施的《德国国际私法编纂的秘密资料》第 19 及以下诸页和吕德里茨的《国际私法》第 20 页也强调了这一点。

[216] 有关这方面，哈特维格（Hartwieg）在《德国国际私法编纂的秘密资料》第 46 页及以下的论述；该书第 297 页及以下转载了《国际私法立法草案及说明》，该草案本身参见贝恩《〈民法典施行法〉中的单边冲突规范形成史》附件第 80 页及以下。

[217] 关于西维金和他的作用，详见贝恩《〈民法典施行法〉中的单边冲突规范形成史》第 86 页及以下。

[218] 文本载于《德国国际私法编纂的秘密资料》第 297 及下页和冯·巴尔的《国际私法》第 419 页。

第四章 影　响

该法律制定80年后才为人所知。[219] 但是，即使不知晓汉萨城市同盟的想法，如果人们更多地关注这些规范的事实构成而不是法律后果方面（仅指引德国法律），那么可能会对该法律作出不同的评价。因而，就必须说明和解释该法律为什么只对德国国民规定法律适用问题。[220] 立法者只对德国人的法律适用作出规定，而对外国人的法律适用却留给司法裁判解决，这种做法是否应该受到指责？

如果以这种方式提出这个问题，并从当事各方的利益出发来回答，那么就不应该对该法律公然地进行负面评价。对于居住在国内的德国人来说，本国法律还额外地具有既是居住地法又是法院地法的优势；无论如何，身处国外并参与国内诉讼的德国人则通过本国法而额外地享有适用法院地法所提供的好处。如果德国的冲突规范援引适用外国人的本国法，那么就不会得到这些符合当事人利益的额外支持，而且以国籍为连结因素在这里也不那么有说服力，因为在任何情况下，特别是对于居住在德国的外国人而言，从法律政策角度来看，只能勉强说国籍连结因素是违背住所地原则的。[221]

---

[219] 因为出版了科基施、哈特维格编写的《德国国际私法编纂的秘密资料》。在此基础上，对形成史进行了较好总结的，还有克格尔《国际私法》第134及下页和冯·巴尔的《国际私法：第一卷》第416—421页。

[220] 根据巴泽多/迪厄-赖斯特纳的说法，有迹象表明立法者甚至主要只考虑到了海外德国人的利益。

[221] 这方面体现明显的有：《〈重新规定国际私法的法律〉（政府草案）论证说明》[联邦议院第10/504号印刷品第30及下页（＝皮龙：《〈重新规定国际私法的法律〉生效后的国际私法和国际程序法：文本、材料及说明》第106页）]；屈内：《国际私法立法草案》第64—66页；克格尔：《国际私法》第277—283页；吕德里茨：《国际私法》第49—51页。舒里希在《冲突规范与实体法》第204页也这样写道："最后，通常需要某种法律政治的力量来决定支持一种连结因素而不是另一种连结因素。"

因此，对德国人而言，与指引外国法律（同样基于国籍这个连结因素）相比，在法律上对德国法律（作为本国法）的指引，有可能更符合具体案件中当事人的实际利益；如果这里的有关人员在具体案件中更愿意适用住所地法或者法院地法，将无法达到其目的。换言之，立法者制定符合其利益的规定的确定性降低了，只要对本国法律的指引也适用于外国人，相对而言，对于居住在德国的外国人这种确定性最低（随着定居时间的增长，这种确定性呈下降趋势）。

从这种利益分析中并没有得出这样的结论，即指引本国法律的多边冲突规范永远无法从法律政策上证明其合理性。然而，回想起来，它使立法者在 1896 年作出的决定似乎比根据多边理念所作出的决定更容易让人理解。对确定的事情进行调整，而将不确定的事情留给司法判例和学术研究，这并不是立法者不合理的甚至令人反感的行为。[22] 相反，从这个角度来看，在《民法典施行法》生效后不久就将其单边冲突规范"扩展"[23]为多边冲突规范的司法判例，似乎并不像该学说所描述的那样无可挑剔。[24] 当然，它不是

---

[22] 因此，"汉萨人"（Hansemänner）的理性值得尊重，而不是像克格尔那样微妙地嘲讽他们的精细工作，参见克格尔"对《德国国际私法编纂的秘密资料》的评论"（Besprechung von: Die geheimen Materialien），载于《拉贝尔杂志》第 39 卷（1975）第 130—138 页（第 133 及下页）："哥伦布的蛋""幽灵或野兽""无光荣表"。

[23] 与此有关的所有细节，参见贝恩：《〈民法典施行法〉中的单边冲突规范形成史》第 195 及以下诸页。

[24] 冯·巴尔的《国际私法：第一卷》第 421 页也有一些这方面的例证。值得注意的是，只要西维金还是汉萨高等法院的院长（直到 1909 年），阻力就会来自该法院；关于这一点，贝恩的《〈民法典施行法〉中的单边冲突规范形成史》第 206 页及以下有许多证据。

"必须"(除了多边理念所施加的明显压力以外)"为自己创制立法者想要排斥的多边冲突规范"。[225] 与其从法律中抽象出国籍这种多边性连结因素的一般原则——务实、谨慎的立法者故意没有列入这项原则——倒不如把法律的明显不完备性与对利益进行差异化评估的呼吁相提并论。

实行区别对待最终也在 1986 年的德国国际私法立法者身上成为可能。对本国法律的指引,本应继续作为出发点,[226]但在实现和满足本国人与外国人利益的程度上却完全不同。特别是在冲突法利益方面,居住在德国的外国人与本国人明显是两个不同的群体。因此,在考虑和关注各种利益时,可以想象以不同的方式来确定属人法的连结因素:对于本国人,则以国籍为连结因素;对于外国人,至少对于那些居住在德国的外国人,则以住所或者经常居所甚至以德国法院为连结因素。然而,鉴于明显不同的利益状况,统一的连结因素本身需要额外的、以利益为基础的论点来支撑。多边性的理念不是这样的论点,如前文所示,因为在该理念背后实际上无法体现真正的利益。

瑞士为欧洲这种连结因素的分裂树立了榜样。[227] 然

---

[225] 冯·巴尔:《国际私法:第一卷》第 433 页;在同样意义上,参见克格尔:《国际私法》第 135 页。

[226] 关于这一点,参见《重新规定国际私法的法律(政府草案)》,联邦议院第 10/504 号印刷品第 30 页以下(=皮龙:《〈重新规定国际私法的法律〉生效后的国际私法和国际程序法:文本、材料及说明》第 106 页)。

[227] 在法国和荷兰的离婚法中最近也是如此,参见吕德里茨:《国际私法》第 42 页附有例证。

而,它自古以来就奉行住所地原则,最近又进一步强化。[28]但是,这与区分连结因素是否成为一种可能的解决方案这个问题无关。瑞士必须寻求优先原则(以住所地为连结因素)的差异化,这不是针对在国内的外国人,而是针对在国外的瑞士人。其方式是:当瑞士侨民主张由其本国法院管辖时,援引瑞士法律(作为本国法或法院地法)为属人法。[29]

德国学说认为瑞士的解决方案"有问题",[30]德国政府草案将其斥为"瑞士法律传统的另类",[31]但克格尔却出于交往利益和秩序利益的原因允许它适用于瑞士,因为那里的外国人比例特别高(14%)。[32] 然而,区别对待的解决方案并不是有问题的,而是值得深思的;[33]它不是瑞士特有的现象,也很难依赖外国人所占人口的百分数(德意志联邦共和国为7%),而是对利益进行深思熟虑评估的结果。瑞士政府草案的论证说明,在专门介绍瑞士侨民的部分对此做了非常清晰的阐释。[34]

---

[28] 这方面,参见凯勒/西尔:《国际私法的一般理论》第304及下页、第314页。

[29] 同上注。

[30] 费里德:《国际私法(第三版)》[IPR³(1986)]第31页。

[31] 《重新规定规定国际私法的法律(政府草案)》,联邦议院第10/504号印刷品第26页。

[32] 克格尔:《国际私法》第282页。

[33] 对于纳入比利时法律的问题也是如此,参见埃劳(Erauw):《外国法律渊源的多元化》[De bron van het vreemde recht vloeit overvloedig(1983)]第35及下页。

[34] 1982年11月10日《关于国际私法的联邦法(国际私法法)的公告》(瑞士联邦院第82072号印刷品;1983年《联邦公报》I第263页)第64及下页。

在德国政府草案的论证说明中,并没有出现哪怕只是 78
进行根本上区分而不是完全的全面规制的想法。该论证
说明提到,多边冲突规范的根基在于"通过实践予以巩固
和维护的法律传统"。㉓这表明,在这一方面也没有进行
利益分析。

二、正义

(一) 主导思想

人们普遍认为,国际私法必须确保与案件事实或者生
活关系具有最密切、最强烈、最重要的联系,㉓即这些案件
事实或者生活关系的"重心"所在地的法律应得以适用。㉓

㉓ 《重新规定国际私法的法律(政府草案)》,联邦议院第 10/504 号印刷品第 29 页(=皮龙:《〈重新规定国际私法的法律〉生效后的国际私法和国际程序法:文本、材料及说明》第 105 页)。根据这一法律传统,它不是从适用外国法律的利益出发(参见注释㉑的文字),这种考虑不周的差异化连结因素似乎仍应被谴责为"对外国法律的歧视",参见费里德:《建议和专家意见(继承法)》第 28 页有其他说明。

㉓ 例如,奥地利《关于国际私法的联邦法》第 1 条明确规定:"最强联系";瑞士《关于国际私法的联邦法》第 15 条:"更密切的联系";1980 年 10 月 9 日《关于合同之债法律适用的公约》第 4 条(=《民法典施行法》第 28 条):"最密切联系";《第二次冲突法重述(1971)》(Restatement of the Law of Conflict of Laws Second)第 1 条、第 2 条、第 145 条及以下、第 188 条及以下、第 222 条及以下、第 283 条及以下、第 291 条。拉加德(Lagarde)的"当代国际私法上的接近原则"(Le principe de proximité dans le d. i. p. contemporain),载《海牙国际法演讲集》第 196 卷(1986-Ⅰ)第 9—238 页,从原则上进行了综述。

㉓ 这是奥托·冯·基尔克(Otto von Gierke)创造的表达方式;它在德国的司法判例中被大量使用,例如,参见联邦普通法院 1979 年 6 月 20 日判例,载于《联邦普通法院民事裁判汇编》第 75 卷,第 32 页(第 41 页)。

在利益法学看来,对于国际私法而言,光这样确定目标是不够的,因为它试图以这种画面来证明法律的可适用性,充其量只是描述了冲突法方面的结果(而且是以一种非常异化的方式),却没有阐述能够导致该法律得以适用的先决条件和步骤。特别是"最密切"联系的画面,指的是"空间上最好的"法律,[28]也以一种可疑的方式暗示了该法律的空间品质;然而,当法律制度在外国法院被作为规范模式而予以适用时,这些品质作为一种精神存在却在法律体系中消失了。

相反,国际私法的公正性必须在于尽可能地满足人类的实际需要(利益),而不是尊重(或建立)案件事实和法律制度之间的空间或者其他"关系"。[29] 因此,有必要问询的是:由国际性引起的利益可能是哪些?应如何评价这些利益,以及在发生冲突时应该优先选择哪种被积极评价的利益?

克格尔认为,涉及国际私法的利益集中在适用法律制

---

[28] 克格尔:《国际私法》,第 81 页;同样,索嫩贝尔格主编的《民法典慕尼黑评论:第七卷(国际私法导论)》段号 54:"空间上的公平分配";霍洛赫:"重新规定国际私法的法律在德意志联邦共和国的初步体验"(Erste Erfahrungen mit der Neuregelung des IPR in der Bundesrepublik Deutschland),载于《法学教育》1989 年第 81—90 页(第 83 及下页):"空间上最适合的"法律。

[29] 在该意义上,吕德里茨的"格哈德·克格尔与德国国际私法"一文第 487 页大概可以这样理解:"法律既不是以事实为导向,也不是以地点为导向,而是以人为导向。"类似地——但在不同的语境中,对连结因素的指导原则没有影响——诺伊豪斯《国际私法的基本概念(第二版)》第 23 页:与法院相比,法律"作为一种纯粹的思想产物"在很大程度上独立于空间和时间。

度本身，而不论其内容是什么。这种利益是存在的，正是在对它们的评价中，特定的"国际私法正义"才得以实现（并耗尽）。[240]

有人对这种抽象而又狭隘的国际私法正义的概念提出了某些批评，但与此相反，从利益法学的角度来看，必须承认这种意义上的纯粹的冲突法利益确实存在，特别在相关当事方对有关法律制度的内容没有充分认知时更是如此。而利益的现实主义不能容忍排他性，也不能容忍通过这种方式确定的正义目标的原则性优先地位。这是因为，在具体情况下，自我想象的纯粹的冲突法上的利益可能会因适用、不适用此法或者彼法的利益而被边缘化或者被完全取代，而这些利益正是由法律的实体规范的内容或预期的实质性后果所造成的。[241]

因此，在对利益进行全面阐释的情况下，应扩充国际私法上的"正义"的概念：所适用的法律必须是在其适用时，不论是在整体还是局部上，也不论是否受其内容所限，都存在着当事各方或者一般公众的合法的、值得优先考虑的利益。决定性因素在于对这些现有的或可设想的利益所做的评估：对适用此法或彼法的哪些愿望和期待是合理的？在发生冲突的情况下，哪些因素是值得优先考虑的？

该学说已经拟定了各种评估标准的清单，目前在德国最受关注的是克格尔所划分的当事人利益、交往利益和秩

---

[240] 克格尔：《国际私法》第81及下页；另参见注释[33]之前的文字。
[241] 对此，参见注释[161]—[163]处的文字。

序利益。㉔ 本书的目的并不在于审视这些清单,也不是要研发一份自己的清单。相反,下文将基于所选定的一些比较知名的问题,来说明现实利益法学所扩展的有关国际私法上的"正义"的主导思想如何能够澄清或者改变评价态度。

(二) 选择性连结因素与有利原则

81 选择性地指引法律适用的典型情形,要数法律行为形式准据法的确定,如今德国《民法典施行法》第 11 条 1 款规定:法律行为,如果满足其准据法或者行为实施地国法律所规定的形式要求,则在形式上有效。最近,这种选择性的连结因素已经渗透到其他领域,特别是家庭法领域。㉕

㉔ 克格尔:《国际私法》,第 82 及以下诸页;吕德里茨的"当事人利益中的连结因素"一文第 36 页及以下进一步完善了有关当事人利益的论述。克格尔虽然只提到了"利益",但他实质上也谈到了评估他所称利益的标准,这是一种对象和评估标准的混合,经常受到批评,例如参见索嫩贝尔格主编的《民法典慕尼黑评论:第七卷(国际私法导论)》段号 61,64。有关"原则"或者"格言"的其他目录,参见诺伊豪斯:《国际私法的基本概念(第二版)》第 160 及以下诸页;文格勒:"国际私法的一般原则"(General Principles of Private International Law),载《海牙国际法演讲集》第 104 卷(1961-Ⅲ)第 273—374 页(第 323 及以下诸页);莱弗拉尔(Leflar):《美国冲突法》[*American Conflicts Law* (1968)] 第 233 及以下诸页(特别是第 243 及以下诸页),现在为莱弗拉尔、麦克杜格尔/菲利克斯的《美国冲突法(第四版)》第 277—279 页;卡弗斯(Cavers):《法律选择过程》[*The Choice-of-Law Process* (1965)] 尤其是第 114 及以下诸页;《第二次冲突法重述》第 6 条。

㉕ 关于这种连结因素的结构和发生情况,参见冯·巴尔:《国际私法:第一卷》,第 488 及下页;凯勒/西尔:《国际私法的一般理论》第 280 及下页;吕德里茨:《国际私法》第 37 及下页;综合性的,参见鲍姆(Baum):《选择性连结因素》[Alternativanknüpfungen (1985)]。对新《民法典施行法》的总结,参见吕德里茨:"过渡期的国际私法"第 353 及以下诸页。

第四章 影 响

如果人们以传统方式将国际私法理解为一个规则体系，即它将案件事实分配给某些法律体系进行调整，而不考虑其内容如何（从而也"协调"法律体系本身，确定其国际"效力范围"），那么，从根本上说，选择性连结因素（一般与"最有利于"所预期的法律后果的法律相联系）所造成的困难体现在三个方面。首先，对法律的最后指引不依赖空间标准，而是取决于可供选择的法律体系的实质内容。㉔ 其次，它们并不会在所提供的不同法律内容之间进行预先选择，而是发挥连结因素的作用，即使只有其中一种（或者反过来说，没有任何）法律在具体案件中产生了所寻求的法律后果也是如此；因此，与从一开始就只援引一种法律制度的法律相比，存在于某种实质性法律后果中的利益就有更大的实现机会。最后，作为第二个方面的后果，至少在"开放的"选择性连结因素的情况下㉕：只要尚未最终确定哪个法律诉求是由哪个当事人根据法律关系或案件事实提出的，那么，哪个法律体系"适用于"法律关系（案件事实）就仍然处于摇摆不定的状态。㉖

在这里，首先需要考察促进效应和浮动效应。利益法学对此不存在困难。利益法学以参与国际社会关系或者试图影响这种社会关系并因此体会到法律是多元的人员和机

㉔ 例如，屈内的《国际继承法中的当事人意思自治》[Die Parteiautonomie im internationalen Erbrecht(1973)]第 67 页认为，选择性的有效性连结因素"与传统的冲突法问题截然相反，后者旨在将法律关系场所化，脱离实质结果"。

㉕ 关于该词，参见鲍姆：《选择性连结因素》第 63 及下页。

㉖ 关于法律体系的契约性，详见鲍姆：《选择性连结因素》第 195 及以下诸页。

构为起点。国际法律世界的多元性虽然降低了方向的确定性,但增加了行动的自由。这符合受这种情况影响或者由其引起的利益。它们旨在恢复对"单一"客观法律的导向,这种导向最初由于向国际过渡而消失,但其目的也在于利用法律多元性所提供的多样性、开放性和渗透性。[247] 务实的观点不仅要首先无条件地考虑国际情势和自身的法律属性,还要考虑由此产生的可能相互矛盾的利益,然后根据国际公认的原则进行评估。这不仅包括如人们普遍认为的那样,对重新获得确定性的利益加以考虑,还包括在不损害冲突法的情况下利用法律多样性的利益。

国际诉讼程序法并行存在的事实表明,积极利用国际法律的多样性可以成为国际私法中的一个正义目标。在国际诉讼程序法中,一个公认的事实是:不仅是因为缺乏协调,还是因为那些存在法律上利害关系的各方的利益,使各种相互竞争的国际管辖权同时并存且可供利用,在承认法院判决时也会被国际社会所接受[248]。我们将话题转移到法律适用法上:依照有利原则来确定选择性连结因素本身并不值得怀疑,但这种联系因素可以与相互竞争的司法管辖权一样,作为一种手段用来客观评估相应利益,以证明合法地利用国际性所提供的法律多样性。

---

[247] 诺伊豪斯的《国际私法的基本概念(第二版)》第 18—20 页也指出了法律的多样性和分散的优势。

[248] 国家管辖权规则中普遍存在着一般管辖权和特别管辖权并存的现象,这种平行性在承认规则中也跨越国界普遍存在,参见例如德国《民事诉讼法》第 328 条第 1 款第 1 项。例如,1968 年欧洲经济共同体《民商事管辖权及判决执行公约》是当同时规定管辖权和判决承认规则的总括性公约。

第四章　影　响

　　因此,从利益法学的角度来看,如果依照有利性来确定连结因素证明在理论上是没有任何问题的,那么它也是所谓的浮动效应,其包括这样一个事实,即只是在对特定案件作出裁决时,根据预期的法律后果(在这方面)最终确定应适用的法律。一种法律制度的"适用"并不取决于具体的裁决需求。案件事实和社会关系都"服从于"法律制度,并从中获取其法律形式,这是一种强调"规范性"的思维方法。在私法领域,已经有充分理由利用该方法对纯国内案件提出质疑,这是因为,在私法领域,客观规范性通常只有通过主张主观权利才能具有实际约束力。[29] 对于国际案件事实,从一开始就用"主流的"客观规范性来思考肯定是不合适的,这是因为,由于管辖权的并存以及冲突法和国家法律风格的多样性,只有在确定案件事实由哪个国家的法院或者行政机关来裁决时,才能最终回答法律适用的问题。即使如此,在诉讼程序法框架内所确定的准据法只适合于所寻求的具体法律后果,而不一定也适合于由法律关系(例如

---

[29]　此外,具有大量材料和历史理论基础的、近期尤其值得注意的是欧根·布赫(Eugen Bucher)的"为了更多的行动思维"(Für mehr Aktionendenken),载于《民法实务档案》第 186 卷(1986)第 1—73 页,尤其是第 14—18 页、第 66 及下页、第 70—73 页。基本观点:如果人们把自己从"对私法关系进行规范性解释的强迫性倾向"(第 60 页)中解放出来,就可以认识到私法的"施行"在很大程度上是"受限"于这样一个事实,即有人能够在遵守私法方面拥有利益并通过法律手段提出诉求。如果没有权利持有人的主动权,没有要求尊重这些权利的可想象的意愿,私法规范仍然是"非实质性的",对其"施行"或"存在"的假设就是不现实的(第 14、15 页和更多页码)。从潜在和当前"利益"的角度来看,布赫的考虑,他的"新外观"(参见第 68 及以下诸页),很明显也能得到受到充分理解的、以真正的法律后果意愿为导向的利益法学的支持。

婚姻、亲子关系、合同、财产、继承权)乃至可能(由他国境内的其他当事人)引起的其他法律诉求。

换言之,国际案件事实的特殊性恰恰在于它并非从一开始就"受制于"某个特定的法律制度,甚至有可能通过在某个特定国家启动诉讼程序而永远无法完全"被捕获"。[250] 在国际法律关系中,并不存在某种法律制度对人和案件事实具有客观统治意义上的"法律效力";相反,客观准据法的本质特征正是其不确定性。这种不确定性的真实程度取决于法律冲突的数量以及(仍然)能想象得到的与特定案件事实或生活情况有关联的具有国际管辖权的(法院)数量。因此,试图用传统的、纯粹由国家制定的(统一)客观法律规则支配和调整的想法来评价国际私法的解决方案是错误的。在国际社会关系的规范形成中呈现出的浮动状态是整个国际私法的一种既定事实;对国际私法的有意利用以及通过选择性连结因素的适度扩张,并没有引起对这类冲突规范的任何根本性担忧。

(三) 准据法的内容

通过选择性连结因素并依照有关法律制度的实体法上的(最有利的)内容来确定应适用的法律,这种连结因素所包含的其中一个要素也是近期提出的"更好的法律"理论中

---

[250] 凯勒/西尔:《国际私法的一般理论》第282页恰如其分且生动地说明了:国际法律关系没有任何本座,只有立法者(通过其冲突规范)"给它们分配一个本座,即把它们安放在某个地方"。

所固有的。[251] 根据这一理论,国际私法(除其他观点外[252],辅助性地依照其他观点[253]甚至主要是根据其他观点[254])的目标应该是,在所要考虑的法律中,应由哪一种法律抽象地或者具体地为个案提供更为理性、更为可取、同样"更好"的实体规定。[255] 在欧洲,迄今为止,这种理论学说基本上遭到拒绝,至少也受到质疑。[256]

在利益法学看来,应假设可能存在真正的利益,正是由于有关法律的内容,使得这些利益涉及某一法律而不是其他法律的适用。[257] 因此,所涉及的问题是:在评估这些利益时,拟援引的实体法规的品质是否可以或者甚至必须发挥作用?

如果从规范形成的层面来看,那么"更好的法律"理论这种冲突法上追求更为可取的实体价值的"目的论"取向,[258] 在

---

[251] 对此,详见米尔(Mühl):《论国际私法中"更好的"和"更有利的"法律》[Die Lehre vom „besseren" und „günstigeren" Recht im IPR(1982)]。

[252] 例如,莱弗拉尔;对于该观点,参见米尔的《论国际私法中"更好的"和"更有利的"法律》,特别是第 42 及以下诸页。

[253] 茨威格特:"论国际私法在社会价值上的贫乏"第 444、447 页。

[254] 荣格尔:"国际私法重新定向的可能性"(Möglichkeiten der Neuorientierung des internationalen Privatrechts),载于《新法学周刊》1973 年第 1525 页;荣格尔:《国际私法的变迁》第 21—34 页。

[255] 荣格尔在"国际私法的一般讲义"第 263 及以下诸页、第 286 及以下诸页对这一学说进行了最新和最全面的论证。

[256] 克尔:"国际私法:基本方法",第 32 节第 49 页;舒里希:《冲突规范与实体法》第 309 及以下诸页;冯·巴尔:《国际私法:第一卷》第 433 及下页;凯勒、西卡:《国际私法的一般理论》第 253 页。

[257] 参见注释[260]—[263]处的文字。

[258] 这是荣格尔在"国际私法的一般讲义"第 263 及以下诸页、第 286 及以下诸页所使用的术语:"目的论"。

多边的冲突规范中几乎是不切实际的。因为在多边指引规范的必要抽象性中,无法为整个法律制度或者所有可能被指引规范所援引的法规设立有意义的质量标准。在单边冲突规范中,提出某些实体价值的要求在法律技术上当然是可行的,但有了这些单边冲突规范,规则制定者恰恰省去了比较评估环节,而"更好的法律"理论和有针对性地促进的实体价值却必须依赖于比较评估;[29]因为在单边冲突规范的适用条件下,即使不了解并存的、有竞争性的外国法律,在任何情况下,人们都会将本国实体法上的解决办法作为首选方案。

在法律适用的具体案例中,情况有所不同。在个案中,通常只有少数几种(大多数情况下只有两种)法律制度可供选择,而其中大多只有某些法律规则得以适用。在这种情况下,通过进行法律品质的比较来确定法律适用似乎在实际执行中是可行的;其在冲突法下的可接受性乃至可取性将取决于人们是否能制定出国际上合理的比较标准,以及法官能否预期这一标准及其适用。

在国际合同法中,当事人各方在选择合同准据法时往往都是因为其内在品质好,例如他们可能选择瑞士法律,因为它是中立的、容易获得的和管理良好的,或者在船舶运输

---

[29] 荣格尔在这方面的立场并不十分明确,但他的个案研究表明,他也为法官(和立法者?)考虑了并存的解决方案的先验知识,参见荣格尔(同上注)和第319页:"如果不掌握事关重大的实质性政策",就无法理解国际私法。因此,它必须被作为"一个基于对裁决的冲突规则进行定性评价的选择过程"来付诸实践(第321页)。

事务中选择英国法律,因为它在海事方面被认为有特殊的保护作用。即使当事人和交易的当地情况在其他方面都与所选择的法律毫无关联,但这种基于法律品质而进行的法律选择得到了冲突法的认可。[20] 因此,探询、比较实体规范在冲突上的合法性问题被限缩到这些情形下,即必须遵循客观连结因素,而不论当事人各方(也许不一致)的意愿如何。

在利益法学看来,冲突法必须通过其有关法律适用性的解决办法来满足当事人或公众的合法、优先的愿望和期待。[26] 在没有明确的和毋庸置疑的冲突规范的情况下,必须根据法律的整体背景和国际上似乎合理的标准来决定这种利益的合法性和优先性。如果从在这方面观察到的"法律标识"的数量来看,不允许有关法律体系或法条的法律政策的品质发挥作用,那将显得非常奇怪。相反,当结果不完

---

[20] 凯勒/西尔的《国际私法的一般理论》一书第379—384页条理非常清楚。也参见诺伊豪斯:《国际私法的基本概念(第二版)》第259及下页。

[26] 莱茵施泰因在"错误的地方:对案例方法的研究"一文第17—24页已经强调,冲突法的主导思想不应是建立事实上或空间上的联系,而是保护合法的(法律适用)的期望。因此,基于这种思想的,还有戴西/莫里斯(Dicey/Morris):《冲突法:第一卷(第11版)》[*The Conflict of Laws* I^{11}(1987)]第5页。在德国的讨论中,现在非常明确的是维尔纳·洛伦茨(W. Lorenz)的"关于非合同损害赔偿责任法律适用的一般基本规则"(Die allgemeine Grundregel betreffend das auf die außervertragliche Schadenshaftung anzuwendende Recht),载于《德国非合同之债国际私法改革的建议与专家意见》(Vorschläge und Gutachten zur Reform des deutschen internationalen Privatrechts der außervertraglichen Schuldverhältnisse),尤其是第111及下页、第145及以下诸页、第155页、第157页。吕德里茨在"当事人利益中的连结因素"第32及下页论证了萨维尼提出的观点。

全由现有的和毋庸置疑的冲突规范确定时,那么法官除了在单一的国内法中提出疑问外,情况并没有什么不同。在单一的国内法中,法官(被当事人或通过自己的思考)提出了各种可能的解决办法,法官必须在这些解决办法中根据其法律"质量"来最终作出决断。经验表明,法官也可以在不同法律体系提供的解决办法之间作出这种决断,且据以决断的理由不是在省级层面上而是在国际层面上值得尊敬。[62]

从德国实践来看,这种决断的可能性可以通过两个案例来体现,这两个案例以完全不同的证明方式成为冲突法发展史上的里程碑。在"西班牙人案"[63]中,在冲突法立法不明确的情况下,必须在适用西班牙法律和德国法律之间作出抉择:前者不允许离婚,也不承认外国离婚;后者允许离婚,在具体案件中使离婚成为可能,并且在满足国际管辖权的条件下也承认外国离婚,即使根据德国法律没有离婚的理由也是如此。长期以来,绝对禁止离婚在国际上"已退居二线",反对离婚的国家是少数,而且其数量还在减少,如果离婚判决系由适当的法院作出,那么具有国际流动性的离婚判决被认为是受到高度认可的。[64] 因此,即使当时西班牙国内的情况尚可勉强作为理由,但从国际角度来看,西

---

　　[62]　荣格尔:"国际私法的一般讲义",第299及以下诸页。
　　[63]　参见注释[71]及以下的文字。
　　[64]　关于当时的整体国际形势,详见米勒-弗莱恩费尔思(Müller-Freienfels):"争议中的离婚者:'西班牙人结婚'案",载于《克格尔祝寿文集》第58—84页。

班牙的法律并不符合时代要求。因而，那些有结婚意愿的人也使自己的利益正当化，因为它所对应的是适用国际上认为“正常”的法律；另外，构成婚姻障碍的利益因其坚持适用国际上落后的法律而使自己失去信誉。因此，根据利益法学一以贯之的论点，对结婚利益的偏爱可以被正大光明地证明是合理的，因为对西班牙国内案件以外的案件来说，西班牙法律上有关婚姻障碍的规定无论如何都是一种国际上过时的解决办法。

联邦普通法院在一份对离婚案件所作出的裁决中，结束了根据旧文本的《民法典施行法》第 17 条第 1 款以丈夫本国法为依据而从事的违宪行为，(265)其必须在德国法律和奥地利法律之间作出选择：前者规定有养老金补偿，而后者虽然没有规定养老金补偿，但也给予离婚的妻子（和扶养权利人）在前夫去世后根据结婚时间的长短从社会保险中领取一定额度寡妇养老金的权利。(266) 然而，在这个具体案例中，是不可能指望这种养老金的，因为丈夫在其职业生涯中

(265) 对此，参见注释(57)—(63)处的文字。

(266) 关于奥地利法律，参见亚当（Adam）：《国际养老金补偿》（Intemationaler Versorgungsausgleich，1985），第 13 及以下诸页；诺尔特－施瓦廷（Nolte-Schwarting）：《涉外案件中的养老金补偿》[Der Versorgungsausgleich in Fällen mit Auslandsberührung（1984）]第 174 及以下诸页；马霍尔德（Marhold）：“奥地利家庭法、社会法和冲突法中的养老金补偿问题”（Die Problematik des Versorgungsausgleichs im österreichischen Familien-，Sozial- und Kollisionsrecht），载于《养老金的国际比较》[Der Versorgungsausgleich im internationalen Vergleich（1985）]，第 459—479 页；贝格纳（Bergner）：“奥地利养老金保险在德国法定养老金补偿中的权利”（Anrechte aus der österreichischen Pensionsversichenung im deutschen Versorgungsausgleich），同一出处，第 481—515 页。

在奥地利境外工作的时间最长,因此没有向奥地利的社会保险体系缴纳任何费用。妻子也不能指望从丈夫的德国社会保险中获得养老金,因为随着德国引入养老金补偿制度,离婚配偶的养老金已经被取消了。妻子自出生时就是美国人,但也曾一度拥有奥地利国籍,她要求适用德国法律(已经实行养老金补偿制度),丈夫(奥地利人)要求适用奥地利法律(排斥养老金补偿制度,由于在奥地利缺乏资产,在退休养老金方面没有给他带来任何不利)。

联邦普通法院认为,在夫妻双方目前没有共同国籍的情况下,它必须在与住所(经常居所)的连结因素(对双方来说都是德国)和与夫妻双方至少以前存在过的共同国籍的连结因素(指引奥地利)之间作出选择。为了尽可能地以第17条的"符合宪法的剩余部分"为导向,从而遵循"结构性要素"的国籍原则,联邦普通法院决定支持适用奥地利法律,因此拒绝妻子分享丈夫获得的养老保险。[267]

在利益法学看来,联邦普通法院作出了一个令人遗憾的错误决定。由于废除了旧文本的《民法典施行法》第17条第1款,因此缺少明确的冲突规范;法院必须在妻子主张的法定养老金补偿的利益和丈夫避免法定养老金补偿的利益之间作出抉择。在这种情况下,不得不说,离婚的夫妻一方分享另一方在婚姻期间获取的养老保险金是一个法律政策目标,两个相关的法律制度尽管采用的方式有所不同,但

---

[267] 联邦普通法院1982年12月8日的判决,载于《联邦普通法院民事裁判集》第86卷,第57页(第66及以下诸页)。

都遵循着这个目标。在本案中,只是因为社会保险的地域限制,致使妻子不能根据奥地利有关领取养老金的法律分享其丈夫在德国获得的养老保险。然而,这种地域限制是一个传统问题,是公法组织社会保障体系下的财政制度和管理技术的问题,它并没有表达对参与此类案件的想法的较低评价。

因此,所适用的法律,其不利的内容被联邦普通法院作为本案的依据,既不符合奥地利的实际标准,也不符合德国的标准,在德国与奥地利的关系上也不符合国际标准。丈夫利用这种(人为的)法律内容,从而完全避免其离异的妻子分享其养老保险利益,这在国内和国际上都是不值得尊重的;如果联邦普通法院关注的是国际上对利益冲突的妥善处理,而不是连结因素原则(住所还是国籍?),那么法院的判决就必须予以驳回。[68] 该判决的指导原则本来可能是:如果所有要考虑的法律体系都承认夫妻一方有权分享另一方在婚姻存续期间获得的养老保险金,那么法定养老金补偿就应依照德国法律,但这种法定养老金补偿并没有实现,因为对社会保险的诉求将完全依照为其制定的国内法规来裁判。[69]

上述例子清楚地表明,在对有关法律内容进行比较评估的基础上,能确定适用法律的案例足够多了;所涉的法律

---

[68] 批评意见参阅注释第[62][63]处的文字。

[69] 根据当今的法律,即《民法典施行法》第 17 条第 3 款第 2 句第 1 项,如果领取养老金的权利是在德国获得的,那么无论离婚的准据法为何,都可以进行养老金补偿。

制度和法条最迟在上诉审中就已充分确定，以便从国际上可见的法律标识或者可查证的共同法律政策信念中制定评估标准，它们允许评估和权衡实际利益，为了实质性的法律内容，这些利益存在于此法或者彼法的适用中。然而，事实也表明，当冲突规范清晰明确、毋庸置疑时，在创制冲突规范的过程中，让实体法律内容与法律政策品质保持一致是不切实际的，在其适用中也是不合适的。但从利益法学的角度来看，这并没有改变这种考虑在冲突法上的基本正当性；就像所有的利益法学一样，对于那些困难的、在法律上尚未充分确定的问题及情势，这种考虑也是需要的。

（四）秩序

在国际私法领域，反复讨论的问题在于是否需要、是否容忍通过成文法律甚至编纂法典来确定一种秩序，或者没有法规是否会更好的问题。柯里和许多其他当代美国人拒绝或者贬低法律规定，只支持单纯的"方法"和松散的"原则"的做法让欧洲人感到惊讶。[20] 欧洲方面，自20世纪70年代以来，以一系列国际私法立法作为回应，这些法律始终秉承欧洲大陆立法的传统风格。[21]

不能否认，至少在欧洲大陆，人们对国际私法的法律规定，特别是那些提供明确取向的法律规定，是有真实利益的。

---

[20] 关于美国的学说概况，参见克格尔："国际私法：基本方法"，第17节及以下诸页，以及其所著的《国际私法》第128—134页；冯·巴尔：《国际私法：第一卷》，第421及以下诸页。

[21] 对此，参见凯勒/西尔：《国际私法的一般理论》，第90及下页。

然而，它主要是由法律人——法官、法律顾问、学者——所表达的，而这些人本身绝不可能被认为是现实的利益理论意义上的"利害关系方"[72]，因为法律作为一种客观秩序，必然要以其自身的创造者和管理者为前提，发挥服务而非自利的功能。然而，法律工作者对规范需求的主张反映了一种普遍的利益，即所有那些可能与国际案件事实有关的人员和机构，因此需要一种能提供导向和确保期望的秩序。根据欧洲大陆的标准，通过立法来满足这种秩序利益，在这个领域的合理性不亚于在任何出现一定数量法律问题的其他领域。

然而，冲突规范，特别是古典欧洲国际私法的多边指引规范，往往没有充分考虑除纯粹的秩序利益之外的其他利益，因为它们在两个方面比其应该指引的实体规范更加抽象：它们用连结因素（例如住所、国籍、行为地）在全世界法律制度中指定整个实体领域（婚姻、亲子关系、继承、因侵权行为引起的损害赔偿责任），即大量可供适用的实体规范；而且它们在进行这种指引时通常不考虑所涉实体规范的内容。因此，与适用实体规范相比，适用冲突规范时更经常会面临这样的情况：在具体案件中，各方当事人或者公众在法律适用方面的可确定利益与立法者所设想的（必然是推定的和普遍化的）利益不同，也就是说——正如舒里希所生动表述的那样——在冲突规范的确立和适用之间发生了"利益损失"[73]。特别是在当事人各方因法律规范的实体内容

---

[72] 对此，参见注释第[14]及以下的文字。
[73] 舒里希《冲突规范与实体法》一书第 200—204 页对这个问题做了详细描述。

不同而在适用此法或者彼法有利益关系时，就会发生这种情况。此时，抽象的指引规范（与选择性连结因素不同）不再能够"保持同步"，因为根据其性质和技术，它只考虑纯粹的冲突法上的、针对整个法律制度的利益；但是，在具体案件中，如果当事人各方在法律适用方面的利益现在完全由实体法驱使，那么这些利益就已经消失了。

主流的德国学说只是非常不愿意在"利益损失"的情况下将当事人从冲突规范的控制下解放出来。对他们来说，这排除了对以实体法为动机的适用利益的考虑。[24] 即使冲突规范与纯粹的冲突法上的规范不一致，即不论实体法中现有的具体利益如何，也不会对其产生多大影响。他们强调必要的类型化，在个别情况下可能不同的利益必须符合这种类型化。[25] 只有在罕见的例外情况下，[26] 人们才越来越

---

[24] 克格尔：《国际私法》第81及下页；当然，在选择性连结因素的情况下除外，前提是我们可以接受它们，见前文注释第243及以下处的文字。

[25] 诺伊豪斯：《国际私法的基本概念（第二版）》第108及以下诸页，特别是第111页写道："人们必须通过制定严格的规则来关注典型案例，但在非典型的例外案件中，必须期望个人为了一般秩序而忍受某种不公平"；克格尔在"祖宅和梦想之宅"第559页写道："……如果只考虑法律适用中的平均利益，而不考虑个案中的差异；就像很少关注个人的投票权和成年年龄的成熟度一样，在国际私法方面，例如，一个人是否真的与大多数其他人一样实际上与同一法律有最密切的联系，也是不重要的"。因为"在已经错综复杂的国际私法领域，如果放弃明确的、易于识别的和易于处理的冲突规范，那么就会进入魔鬼的厨房"。吕德里茨在"当事人利益中的连结因素"一文第40页写道："与实体法一样，有必要的形成事实或者案件组，在其中可以确定典型的利益组合并对其进行必要的评估。以这种方式无法实现个案的完全公正；哪儿要刨光，哪儿就会落刨屑。"

[26] 凯勒/西尔在《国际私法的一般理论》第122页表述为："异常情况"。

第四章 影 响

愿意接受冲突规范的目的性缩减或者明确的避让条款。[27]

私法中的利益法学无法满足于这种态度。对利益法学来说，必须做到：只要不会损害秩序利益，就应尽可能地考虑特定当事人的合法利益。如上所述，抽象的冲突规范对应尊重的各种利益的评价必然只能是不完善的。因此，必须欢迎各种各样的方式，以便通过对具体案件中要决定的实际利益的额外评估来对其进行补充和纠正。无论是通过目的性的缩减、避让条款来实现还是通过对法律上的联系规则的司法完善来实现，只要这些手段在发生明显"利益损失"时不被视为特殊的补救措施，而是被视为抽象冲突规范正常的、必要的附着要素，那么原则上都是一样的。[28] 只有在当事人或公众对这种抽象的冲突规范未经修饰的效果的信任应予保护时，才存在限制。[29] 因此，如果能够为具体案

---

[27] 参见舒里希：《冲突规范与实体法》第200—204页；克罗依泽（Kreuser）："国际私法中的纠正条款"（Berichtigungsklauseln im IPR），载于《查伊泰祝寿文集》[FS Zajtay(1982)]第295及以下诸页；凯勒/西尔：《国际私法的一般理论》，第121及下页。然而，持有不同意见的，参见克格尔：《国际私法》第189—192页；吕德里茨：《国际私法》第39及下页。

[28] 对此，参见菲舍尔（G. Fischer）的"讨论稿"（Diskussionsbeitrag），载于《洛桑学术研讨会论文集》[Lausanner Kolloquium(1984)]第55页的评论，即避让条款（如当时瑞士《关于国际私法的联邦法》的立法草案第14条）无非是"已成为法律的目的性缩减"。

[29] 舒里希在《冲突规范与实体法》第199页正确地提到了关于"法律关系在延续和遵守曾经确立的规范方面的秩序利益"。这种"因规范本身的存在而产生的""连结因素连续性"方面的利益（第202、204页），只有在"就案件的具体情况而言，可能涉及的法律关系在连结因素的连续性方面的这种利益似乎不值得保护"（第202页）时，才能予以忽略。然而，这种方法并没有充分说明，缺乏利益保障（"利益损失"）永远只能针对具体案件来确定，而潜在涉及的法律关系的利益却只能针对将来的案件来确定；因此，它们不一定相互矛盾。

件中的、冲突规范涉及其利益的所有当事人确定一种利益状况,而这种利益状况与法律预设的情况不一致时,那么对事后补做的、纠正性的利益考量的关注就最少。

因此,对于这种抽象的、本身就不完善的冲突规范,需要进行"扩展"(Anbau),使其在具体案例中得到完善。这种扩展首先是要允许当事人在每个法律领域(不仅仅是在债法中)并就其特定案件的裁判选择法律,即选择冲突规范所指引的法律以外的其他法律,前提是只要这样做不会使第三人或者公众的合法利益受到损害。[20] 当事人本身或公众的秩序利益,其与抽象的冲突规范本身的存在有关,但这种利益无论如何都不会因此受到损害。

但是,即使在当事人利益不一致的情况下,抽象的指引规范也会对扩展评估提出挑战。这可以用《联邦普通法院民事裁判汇编》第86卷第57页所载的已经审结的案例(养老金补偿)[21]来予以说明,如果我们根据新文本的《民法典施行法》第17条,而不考虑其第3款第2句第1项的特别规定来审理的话。第17条(与第14条一起)以国籍为主要连结因素,以"最后"的共同国籍为辅助连结因素,从而指引奥地利法律。以国籍为连结因素是基于一个人对其信赖的本国法律的推定依附[22],这种法律"无论

---

[20] 下文将进一步论述,参见注释[26]及以下文字。
[21] 参见注释[26]以下诸页的文字。
[22] 皮龙的《〈重新规定国际私法的法律〉生效后的国际私法和国际程序法:文本、材料及说明》第21页和德国《重新规定国际私法的法律(政府草案)》(联邦议院第10/504号印刷品)第30页(=皮龙:《〈重新规定国际私法的法律〉生效后的国际私法和国际程序法:文本、材料及说明》第106页)也明确如此。

好坏都要遵从"。㉓然而,这位奥地利丈夫现在援引奥地利法律完全是由于它"好"的一面,即因为它使这位丈夫免于支付妻子的养老金补偿。第 17 条(与第 14 条)并没有提及这种(显然是出于实体法动机的)利益;根据其措辞,是需要降低标准的,但在评价内容上又需要补充。只有对利益进行补充性的评估才能创造冲突上的正义;问题是:由于《民法典施行法》第 17 条的存在,丈夫是否有权依靠适用奥地利家庭法来获得养老金补偿? 而且,应考虑到适用奥地利法律的结果(妻子没有参与婚姻存续期间获得的养老保险)既不符合德国也不符合奥地利的品质标准。㉔

如果在本案中把各种要素翻转过来,就更加凸显了进行补充性利益评估的必要性:不是奥地利的丈夫,而是美国的妻子在德国有领取养老金的权利,而丈夫想参与领取养老金。该丈夫因此主张适用德国法律,该妻子却援引适用奥地利法律。就适用的法律而言,他的具体利益现在不仅在动机上而且在取向上均不同于法律为他所假定的利益;它与法律截然相反㉕。她的利益即使在动机上与法律所推定的利益不一致,在方向上却是相吻合的,但在程度上比她丈夫要弱得多,这是因为,即使她当时与另一个国籍(即美国国籍)也有联系,却只能推定她与以前曾拥有的(奥地利)国籍有联系。鉴于规范制定者依据第 17 条(与第 14 条一起)所进行的利益评估,这种组合之前已被视为不正常;即

㉓ 克格尔《国际私法》第 82 页即为这种耳熟能详的表述。
㉔ 关于这一方面,见注释㉖以前的文字。
㉕ 这不仅是利益的丧失,而且是利益的颠倒。

使根据德国主流学说愿意在个别情况下承认的非常严格的标准,[26]它也要求进行补充性或纠正性评估,对抽象的冲突规范进行扩展。

然而,从现实的利益法学来看,扩展冲突规范的需要不是例外,而是正常的;由于它是根据传统的多边冲突规范的性质设计的,因此也必须考虑现行的冲突法(de lege collisionum lata)。这一观察结果与欧根·布赫(Eugen Bucher)最近提出的为实体私法所证实的论点不谋而合,即关于私法关系普遍的、他所谓的"规范性"观点必须由面向被主张的具体利益("行动思维")的法律思维的视点加以补充;因此,规范的产生应"越来越多地转向具体的争端情况"[27]。布赫还表明,他质疑"规范性思维"的原因不在于法律本身,而在于先验性的案例和超验性的思维习惯;因此,即使在现行法律的管辖下,这些习惯也可以为法学所改变[28]。

通过冲突法的途径,布赫对实体私法的发展必然也适用于其在国际领域的延续。布赫在1985年德国民法学者帕绍会议上的演讲被"法律情境思维"所反驳,而这种法律情境思维在私法中(无可争议地)也是必要的。[29] 但是,在国际私法中,由于法律体系(包括冲突法体系)的多样性和独立性(Unverbundenheit),这一点从一开始就比较薄弱,

---

[26] 参见注释[26][27]处的文字。

[27] 欧根·布赫:"为了更多的行动思维"第17页、第14及以下诸页、第66及以下诸页。

[28] 欧根·布赫:"为了更多的行动思维"第66页及全文。

[29] 关于这一点,参见欧根·布赫:"为了更多的行动思维"第67页。

更难以实现和维持,因此更需要通过"更务实的思维方式"来补充,使法律上的裁判更接近当前的争议情况。与国际私法的一些著述相反,"法律制度的声誉"或者冲突法制度的声誉在任何情况下都不会受到威胁,但其只有在冲突法上的裁判"尽可能地考虑当事各方的主观关切"时才可能得到促进。⑳

三、当事人的意思表示

在债法领域,冲突法上的当事人意思自治已得到全世界的公认:当事人可以自行选择应适用的法律,这种法律选择原则上包括所选择的法律制度中的强制性法律,从而排除其他的、"落选的"法律制度的强制性法律。㉑ 被保留的只有这种强制性的法律规则,这些规则不考虑一般的冲突法(包括当地所认可的法律选择权),凭借特殊的冲突规范(例如《反限制竞争法》第 98 条第 2 款)或者凭借其自身的"意愿""以强制性的方式调整案件事实"。㉒ 在家庭法和继

---

⑳ 欧根·布赫:"为了更多的行动思维"第 17 页。

㉑ 例如:《关于合同之债法律适用的欧洲公约》第 3 条(=《民法典施行法》第 27 条)。整体而言,详见兰多(Lando):"合同"(Contracts),载于《国际比较法大百科全书第三卷(国际私法)》第 24 章[Int. Enc. Comp. L. Ⅲ ch. 24(1976)]。

㉒ 关于后一类的国内规则,参见《关于合同之债法律适用的欧洲公约》第 7 条第 2 款(=《民法典施行法》第 34 条)。关于对外国强制性法律的遵守,参见克罗依策(Kreuzer):《德国法院审案时所面对的外国经济法》(Ausländisches Wirtschaftsrecht vor deutschen Gerichten, 1986)和最近的德罗布尼希、巴泽多、西尔、里戈、洛、梅斯特梅克发表于《拉贝尔杂志》第 52 卷(1988)第 1—255 页的论文。

承法领域,这种意义上的当事人意思自治也部分地被法律所承认;㉓下文将进一步讨论当事人意思自治在该领域和其他领域适用的可能性。㉔

(一) 论据

世界范围内,对国际合同法中当事人意思自治的认可一直伴随着理论上的纷争,直到今天仍未完全平息。㉕ 理论上的关注点主要是逻辑的和基本的法律性质:如果适用的法律首先是由法律选择决定的,那么哪个法律允许选择法律? 而让当事人以法律行为方式处分潜在的、可能适用

㉓ 关于这一点,详见施图尔姆:"在国际家庭法与继承法作为特定要素的当事人意思自治"(Parteiautonomie als bestimmender Faktor im internationalen Familien- und Erbrecht),载于《恩斯特·沃尔夫祝寿文集》[FS Ernst Wolf (1985)]第 637—658 页;赖因哈特(Reinhart):"关于家庭法和继承法领域未来德国国际私法中的当事人自治"(Zur Parteiautonomie im künftigen deutschen IPR auf den Gebieten des Familien- und des Erbrechts),载于《比较法学杂志》(ZvglRWiss)第 80 卷(1981)第 150—171 页;简要信息,可参见吕德里茨:《国际私法》第 45 页;凯勒/西尔:《国际私法的一般理论》第 372 及下页。

㉔ 参见施图尔姆(同上注);简要的说明,也可参见冯·巴尔:《国际私法:第一卷》第 472 及下页;凯勒/西尔:《国际私法的一般理论》,第 372 及下页。耶苏伦·德奥利维拉(Jessurun D'Oliveira)的"当事人意思自治的捷径"(De sluipweg van de partijwil),载于《国际私法所涉及的当事人》[Partij-invloed in het internationaal privaatrecht(1974)]第 5—21 页也进行了较好的概述。

㉕ 参见例如拉加德"当代国际私法上的接近原则"一文第 61 页:"……意思自治的联系功能是最近才有的,其理论依据仍然相当不确定……"屈内的《国际继承法中的当事人意思自治》一书第 23 及以下诸页,十分清楚地概述了进行理论上论证的各种尝试。关于其历史,还可参见施图尔姆:"在国际家庭法与继承法作为特定要素的当事人意思自治"第 637—639 页;冯·巴尔:《国际私法:第一卷》第 470 及下页;凯勒/西尔:《国际私法的一般理论》,第 366 及以下诸页;吕德里茨:《国际私法》第 129 页。

的客观法律体系,难道就是正确的吗?

一段时间以来,逻辑上的疑虑已经被解除了,[296]基本的顾虑也被消除了,但这里的重点问题却截然不同。在克格尔看来,在债法领域允许法律选择是一种"不寻常的举措"和"尴尬的解决方案"[297];对埃贡·洛伦茨来说,它类似于"一种具有某些无可争辩的有益作用的药物,但其适应症和副作用还没有被记录下来",因此只能在"严格控制"下并以"谨慎的剂量"使用;[298]对大多数人来说,它是实体合同法上的契约自由向冲突法领域的有益延伸;[299]对屈内来说,这种想法本身并不足以证明它的合理性,但如果客观指引法由于其规则的必要抽象性而自身无法从"连结因素的尴尬"境地解脱出来,那么,当事人自主选择法律是对客观指引法的一种有益补充;[300]根据巴迪福尔的著名学说,它使合同"本地化"(为了当时建立的客观联系);[301]对许多人来说,它只是

---

[296] 这方面,参见屈内:《国际继承法中的当事人意思自治》(同上注);冯·巴尔:《国际私法:第一卷》(同上注)。然而,令人惊讶的是,这又重现光芒于明克(Mincke)的"当事人意思自治:法律选择还是地点选择?"(Die Parteiautonomie: Rechtswahl oder Ortswahl?),载于《国际私法与国际程序法实务》1985 年第 313—317 页。

[297] 克格尔:《国际私法》第 420 及下页。

[298] E. 洛伦茨:"德国国际私法的改革——对其基础的评论",载于《法律政策杂志》1982 年第 155 页。

[299] 例如诺伊豪斯:《国际私法的基本概念(第二版)》第 257 页;凯勒/西尔:《国际私法的一般理论》第 386 页。

[300] 屈内:《国际继承法中的当事人意思自治》第 29 及以下诸页、第 64 及以下诸页。

[301] 巴蒂福尔:《与合同有关的法律冲突》[Les conflits de lois en matière de contrats(1938)]第 39 及以下诸页;巴蒂福尔、拉加德:《国际私法:第二卷(第七版)》,第 572—274 页;由明克继续研究(前文注释[296])。

从实践的需要和必要性角度证明是合理的。㉛ 不言而喻，在考虑将当事人意思自治扩展到其他法律领域，以及即使在原则上承认也必须对其进行限制时，会受到辩护理由性质的影响。

根据本书所采用的观点，当事人意思自治的理由和限制，必须基于对其准许时可能获得的实际利益和对其不准许或进行限制时可能存在的实际利益来作出推断。从这个角度来看，当事人意思自治绝不能仅仅是一种"尴尬的解决方案"、一种"例外"㉝、一种"脆弱的逃避"㉞，也不仅是一种有益的补充和完善，同时还是客观冲突法上确定连结因素的一种辅助手段。㉟ 相反，当事人的意愿必须处于冲突法思维的中心，冲突法思维——完全像私法一样——希望以私人利益为导向。㊱ 当事人的利益已通过选择法律的声明表达得足够清楚。对于国际私法来说，对当事人利益进行根本性的积极评价实际上不应需要进一步证明。然而，此种评价受到思维习惯的阻碍，该思维习惯使冲突法似乎更

㉛ 有关说明，参见屈内：《国际继承法中的当事人意思自治》第 27 及下页。

㉝ 例如，施维曼（Schwimann）：《国际私法概论》[Grundriß des IPR (1982)]第 2 页："国际私法是强制性法律；只有在例外情形下当事人方可就某些问题通过协商选择应适用的法律。"

㉞ 此外，还有克格尔《国际私法（第五版）》（1985）第 502 页就有关婚姻财产制的海牙公约的论述。

㉟ 屈内的《国际继承法中的当事人意思自治》一书以及合同的场所化理论，见前文注释㉛处的文字和下文注释㉞处的文字。

㊱ 详细的及决定性的内容，参见施图尔姆：《在国际家庭法与继承法作为一定要素的当事人意思自治》，特别是第 637、658 页。

加关注自身及其所"援引"的法律制度的效力、管辖和威望，而不是它的"客户"即法律关系参与者的真正需要。

然而，与许多著述相反，承认冲突法中的当事人意思自治尚未被当事人在各个国家的实体法中拥有的处分和契约自由所充分证明。因为——这一点只有屈内[87]明确指出——根据每个国家的实体法，法律交易的自由从一开始就受到其所属国家强制性法律的限制。然而，我们要寻找的正是这样一个理由：当事人可以通过选择法律来逃避强制性的法律（所选择的法律制度除外）。

相反，当事人意思自治的发展，必须也要从国际情势的特殊性出发，独立于有关法律制度的强制性或决定性（dispositiv）的特征。国际化意味着法律的极度多元性，或者换句话说：不再理所当然地只有某一种特定法律可供适用。然而，如果法律（在全球范围内作为一个整体）由于其所汇集的各国法律体系的共存而无法形成统一的秩序，那么这对于国际领域中的行为人而言，将其关系的法律秩序掌握在自己手中就是一种自然的反应。无论如何，只要无法确定可能具有更高价值的特定相对方利益，就应尊重当事人各方的这种自给行为，这符合西方国家的良好法律传统（完全独立于实证宪法[88]）。然而，客观冲突法即便具有一贯约束力，但这种冲突法中的一般利益或利害关系方实

---

[87] 屈内:《国际继承法中的当事人意思自治》第29及下页。
[88] 施图尔姆在"在国际家庭法与继承法作为特定要素的当事人意思自治"一文第658页中正确地指出了这一点，但这一想法比国家宪法文件更进一步。

际上是无法辨识的。[309]

(二) 其他观点

由于从国际利益状况的现实中找到了当事人意思自治的理由,利益法学与德国近期的讨论从截然不同的方面处理这一问题,其中产生的各种观点形成了鲜明的对比。

1. 例如,法律选择权可以被认为是冲突法所赋予的法律权力,它是一种主观上的形成权,[310]从而与一种可能将冲突法"仅视为客观法律规则的综合体"的观点相冲突。[311]因此,对沃尔夫冈·明克来说,冲突法上的主观权利是"一个幽灵",[312]"在迄今已经发展起来的国际私法的一般理论中毫无立足之地"。[313]他通过解释法律选择的声明——采用萨维尼和亨利·巴蒂福尔的理论——作为对客观联系的合同进行空间上的归类的一种手段来驱散幽灵。[314]

这种观点忽视了这样一个事实,即从合同产生到结束一直"支配"合同的客观规范性,在国内私法上已经是一种

---

[309] 冲突规范的起草人、立法者、法律学者和法官(他们是最有可能谈论客观性冲突规范的强制性的人)由于前文所述的原因(注释[272]处的文字)很难希望被理解为利益相关方。

[310] 欧根·布赫的著作《作为制定规范权力的主体权利》[Das subjektive Recht als Normsetzungsbefugnis(1965)]和他的"为了更多的行动思维"一文第 16 及下页所指的"制定规范的权力"。

[311] 明克:"当事人意思自治:法律选择还是地点选择?"第 315 页;他认为,"整个国际私法学界"都以这种方式对待冲突法可能是正确的。

[312] 同上文,第 316 页。

[313] 同上文,第 315 页。

[314] 同上文,第 317 页。

夸张的教条式概念，因而需要通过法律相关的主观能动性，通过承认和行使主观权能来对其进行补充。㉕ 在国际范围内，更强烈地需要以客观的法律视角看待问题。在这里，客观的实体法体系已经缺乏统一性，即使是客观的冲突法也只能间接地创造这种统一性，前提是它本身是统一的（未来欧洲共同体可能会这样），并且以国际统一的方式解释（然而，这在国际合同法中尤为困难，原因在于许多冲突法上的术语具有开放性，例如《民法典施行法》第28条第1款、第5款中的"最密切的联系""更密切的联系"）。

因此，与统一的国内私法相比，法律在国际领域更加不完善，在规范上更不发达。然而，从历史上看，规范性方法是法律思维的一种晚期形式，它恰恰受制于对一种封闭的、无歧异的法律体系所进行的科学教条式的假设。㉖ 较早的、更开放的、规范上不太"发达"的法律形式（罗马法、英国诉讼制度）仍然向我们展示了思维在诉讼和辩护的可能性方面的优势，即与尖锐争议有关的"行动思维"。㉗ 这一历史性的见解清楚地表明，即使在规范性不完善但"组织严密"的国际法律领域，也根本不能没有冲突法上的主观权利这一思维模式，至少是"规范性"想法的补充。主观上的形成权在这里不是"幽灵"，而是必须取得经认可的居住权的家庭成员。

2. 将当事人意思自治置于冲突法的中心，也超出了屈

㉕ 关于这一点，见前文注释㉔和注释㉗—㉙处的文字。
㉖ 欧根·布赫："为了更多的行动思维"第7及以下诸页、第70及下页。
㉗ 欧根·布赫："为了更多的行动思维"第4—10页。

内的方法。作为过去几十年中最重要的方法,屈内的方法旨在为选择法律的自由提供积极的论证,并把以当事人意思自治置于冲突法的中心这种做法视为所谓冲突法上连结因素的困境。⑱ 诚然,冲突法上的指引法律的自由不能以个别国家的契约自由为基础。⑲ 但是,这并没有耗尽自主和自由理念的论证潜力。在没有秩序的情况下,自主和自由是西方世界在宪法和法律中所认可的价值,正如援引这些价值的人一样,它们在国际案件中不是处于"法律之下"⑳[尽管也不在法律上,"超越法律"(*legibus soluta*)]㉑,而是在法律制度之间,并且希望在这种情况下做一些合理的事情。㉒

相反,屈内认为法律选择自由的原因在于"两难困境",即抽象和客观的冲突规范无法将相关的客观联系标准提高到一个决定性的地位,并用以服务于所有可以想象的案件情况。㉓ 然而,这一相当准确的观点,作为选择法律自由的

---

⑱ 屈内:《国际继承法中的当事人意思自治》,特别是第32及下页、第61及以下诸页;屈内:"20世纪末期的国际私法"一文,第312及下页。

⑲ 参见注释㉚处的文字。

⑳ 克格尔也是同样的观点,在《国际私法》第531页中他有大篇幅的表述:"当事人(不是)在法律之上,而是在法律之下。他们(原则上)无权选择自己的法律。国际私法给他们提供了他们的法律,正是这一点规范了他们的自由。"("祖宅和梦想之宅"一文,第554页)

㉑ 这显然是许多作者所担心的,例如克格尔(同上注)和《国际私法》第651页;赖因哈特:"关于家庭法和继承法领域未来德国国际私法中的当事人意思自治",第163页。

㉒ 关于国际性及其法律含义,参见注释⑭—⑮处的文字。

㉓ 吕德里茨在"当事人利益中的连结因素"第48页类似的表述为:"戈尔迪之结"。

第四章 影 响

理由，部分过于宽泛，部分则过于狭隘。一方面，它也证明了对抽象的、必然被评价为不完善的冲突规范的这种后续补充和修正是合理的，这些补充和修正是在个别案件中根据评价利益的客观标准作出的，与同意的一方当事人的意愿无关；㉔这样做的一般理由，已经得到了较为详细的证明。另一方面，它使选择法律的自由看起来仅仅是对客观冲突法的一种补充，从而使其与现实有了越来越密切的"联系"。但是，这并没有充分涵盖当事人意思自治所依据的国际化所带来的利益情况的特殊性。

因国际性而产生的关于适用法律的利益情况，与所援引的法院管辖依据的情况相类似。即使可以假设只有住所地法院存在管辖依据，但只要不能预见当事人在紧急情况下住所位于何处，以及届时谁将对谁主张由哪些事实引起的哪类索赔，那么，当事人在证明存在紧急的或潜在的跨境法律关系（合同、婚姻、继承、信托）时，就会面临多个潜在的有管辖权的（住所地）法院。然而，除此之外，现实中还有额外的管辖依据（例如履行地、所在地、行为地），各国遵守这些管辖依据的方式有所不同，即使在统一化的情况下仍在某种程度上相互共存和竞争，例如欧洲有关管辖权和判决的承认与执行的《布鲁塞尔公约》第5条。在这种情况下，大多数国家的民事诉讼法允许法院管辖协议，即在给定的法院管辖依据中进行选择，但也可以纯粹通过当事人之间的协议确立新的管辖依据。然而，允许

㉔ 注释㉘—㉙处的文字。

当事人这样做,并不是为了进一步完善或补充客观的国际管辖权制度(只要没有统一的法律,就根本不存在这样的制度),而是因为人们希望尊重当事人对协商一致和个人决定的需要,对管辖权的确定性的需要,以及对使用国际上彼此共存的、依据不同类型和地点确定的司法解决方式的需要。[25] 甚至通过"挑选法院"单方面主张国际管辖权也不再被视为应受谴责的,而是在某些情况下被视为合法行使由国际管辖权共存所创造的行动自由。[26] 为什么选择适用法律的自由只能根据更狭隘的、从"客观联系法"中得出的观点来证明是合理的? 这是因为,国际性的基本事实(有关法律/管辖权、国内冲突法/国内管辖权规则以及有关的连结因素/管辖依据的多元性和无关联性)在这里和在

---

[25] 有关对管辖权选择的积极评价,参见施罗德:《国际管辖权》,第475及以下诸页;克罗弗勒:"国际管辖权"(Internationale Zuständigkeit),载于《国际民事程序法手册(第一卷)》[Handbuch des Internationalen Zivilverfahrensrechts I (1982)]第197—533页(第387及下页);盖默(Geimer):《国际民事诉讼法》[Internationales Zivilprozeßrecht(1987)]第307及下页。——关于国际管辖权共存的良性意义,参见黑尔德里希:《国际管辖权和准据法》,第161及下页;克罗弗勒:"国际管辖权"一文(出处同上)第256及下页、第261页;然而施罗德却持批评态度,参见其上述"国际管辖权"一文第83及下页、第98及以下诸页。

[26] 例如参见荣格尔:"争夺管辖法院"(Der Kampf ums Forum),载于《拉贝尔杂志》第46卷(1982)第708—716页;西尔:"国际法律关系中的'挑选法院'"("Forum Shopping" im internationalen Rechtsverkehr),载于《比较法学刊》(ZRvgl)第25卷(1984)第124—144页;盖默:《国际民事诉讼法》,第218及以下诸页;冯·巴尔:《国际私法:第一卷》,第354及以下诸页;但是克罗弗勒"国际管辖权"一文(第260及以下诸页)对此持批评态度,更加详细内容,参见克罗弗勒:"挑选法院的不适感"(Das Unbehagen am forum shopping),载于《菲尔兴祝寿文集》[FS Firsching(1985)]第165—173页。

第四章 影 响

那里原则上是一样的。[227]

3. 将私人法律选择视为国际私法中心的观点，最终必须面对这种疑虑，即有关私法的政治和社会控制功能的理论在冲突法的任何其他方面是否将考虑私人利益。[228] 只要这种疑虑仅仅基于这样一个事实，即出于经济和社会政策的目的，实体私法也越来越多地穿插着强制性法律，那么它就不适用于这里提出的关于法律选择自由的核心特征的论点；因为在当今条件下，这当然要受到这样一种保留的限制，即所适用的强制性法律不论一般冲突法为何，从一开始就剥夺了当事人的意思自治权，至少当强制性法律为法院地法时是这种情况（诸如《民法典施行法》第 34 条）[229]。但是，"政策学派"似乎将私法作为一个整体来理解，认为它不再以私人利益为主，而是不可分割地渗透着国家（社会）形成利益，因此必须倾向于质疑整个冲突法上的法律选择自由。

根据这里所代表的现实利益法学的观点，对私法"政策"概念的具体法律处理已经缺乏法律上的相关利益声明，

---

[227] 关于国际私法与国际管辖权法和承认法之间可能存在的评价联系，近段时间冯·巴尔在《国际私法：第一卷》第 339 及以下诸页，特别是第 351 及以下诸页进行了非常详细的阐述。

[228] 例如乔格斯《论冲突法功能的转变》一书第 159—161 页对此表述得非常清晰。

[229] 关于外国的强制性法律，参见克罗依策的《德国法院审案时所面对的外国经济法》一书，特别是关于公法，也参见克格尔：《国际私法》第 712 及以下诸页；冯·巴尔：《国际私法：第一卷》第 223 及以下诸页、第 226 及以下诸页；格罗斯费尔德：《国际公司法》[Internationales Unternehmensrecht(1986)] 第 124 及以下诸页。

即一般公众(国家)在利用整个私法或甚至只利用整个与经济相关的私法来实现其形成目的时应具有的利益;这一点已进行了详细阐述。⑬⓪ 现在要补充的是,私法乃至冲突法功能的转变这一论点所依据的诊断,在国际领域是有争议的。诊断结果是:国家与社会的分离被克服了,因此私法也被"国有化"了——在以前,私法是为保障与国家分离的社会享有自由空间而发挥作用的。⑬①

通过高度简化的方式,这里所指的国家与社会的分离可以被描述为这样一种状态,即一个社会里大多数人没有政治权力,但是享有一个受法律保护的活动空间,政治权力(国王、贵族、官僚机构、军队)只能在某些法定条件下对该活动空间施加影响。当社会多数人接管了政治权力,即自我管理(和服务)时——在西方民主国家是通过其当选的代表,在东方的马克思主义国家是通过宣布自己为工人阶级代言人的政党——这种分离就不再存在了。

就国际领域而言,必须指出:国家与社会的分离——被理解为私法主体与制定法律的政治权力之间缺乏政治联系——在很大程度上仍然存在。因其私法关系而跨越国界的人,必须处处都要面对他们自己不隶属的国家的法律规范。换言之,在国际领域,由于国家在今天和可预见的未来仍然是依法组织的,那些创造和执行法律规范的人(通过司

---

⑬⓪　注释⑰⑤—⑱⓪处的文字。
⑬①　参见乔格斯:《论冲突法功能的转变》;维特赫尔特:"国际继承程序法",载于《德国国际继承法改革的建议和专家意见》(Vorschläge und Gutachten zur Reform des deutschen internationalen Erbrechts)第 142 及下页。

第四章 影 响

法裁判或者立法)与那些希望或必须遵守这些法律规范的人之间必然在很大程度上缺乏制度上可靠的政治联系。[32] 国际领域中"法律"这一整体现象的特殊性,不仅在于它的多元性和对当事人而言内容上的潜在异己性,还在于客观法律和法律主体之间拉开的较大的政治鸿沟。如果按照一种假设国家和社会完全统一的理论来对待国际领域中遇到的大量的政治上的外国法律,那是不现实的。相反,正是由于政治影响的程度较小,表明应该允许那些需要法律的人——至少在冲突法方面——通过相关法律体系所提供的解决方案来自行组织他们的关系秩序。

(三) 家庭法和继承法中的当事人意思自治

因为当事人的意思自治不是由合同法或者债法的特殊情况,而是由国际性造成的利益状况的特殊性来证成的,所以在国际家庭法和继承法中,当事人意思自治首选的也自然是本国法[33]。如果在这些领域不想普遍地或部分地允许当事人意思自治,就必须识别真正的和首选的相对方利益。相对方利益可以想象为:继承法上的近亲和债权人的利益,他们可能因法律选择而两手空空;在家庭法中,则首先是受父母法律选择协议影响的子女的利益,但在某些情况下,也

---

[32] 这种通过扩大国际交往而实现的国家和社会的"新"分离也发生在那些居住在德国但没有政治投票权的外国人身上。不再是民主可控的国际官僚机构和至少处于国际社会或经济关系中但在国际层面上没有任何特别政治影响的那部分社会人员(如私人和中小型企业)之间的关系,将来也可能如此。

[33] 然而,赖因哈特从根本上拒绝了这一点,参见其"关于家庭法和继承法领域未来德国国际私法中的当事人意思自治"一文第164及以下诸页。

包括因抚养或监护法规定不当而承受行政上或经济上负担的一般公众的利益。

对于家庭法和继承法的个别实体问题来说,没有必要在本书详细讨论这种利益在什么时候是可以想象的,什么时候应该积极评估,什么时候应该优先于直接当事人的法律选择利益。需要强调的只有利益法学的关注点:立法和司法裁判只有在原则上积极评估通过法律选择所记录的适用上的利益,而不是仅仅因为可能的相对方利益或多或少地与抽象地假设的客观联系原则相吻合而偏爱这些利益时,才符合其标准。㉞例如,为立法者开辟了哪些有区别的但仍有可操作性的、合理的解决方案的可能性,在屈内的思考㉟、汉堡的马克斯-普朗克研究所的建议㊱以及瑞士《关于国际私法的联邦法》㊲中都有所展示(即使它们都不是有意识地在利益法学方法基础上产生的)。德国 1986 年的国际

㉞ 屈内的《国际继承法中的当事人意思自治》一书第 77 页非常恰当地指出:"……目前将有关第三人利益的法律问题强制性地置于继承准据法之下的做法,没有考虑到这些当事人的利益。从他们的立场来看,其结果的任意性并不亚于在国籍和住所地这两个连结因素之间进行法律选择情况下所预期的结果。"

㉟ 屈内:《国际继承法中的当事人意思自治》第 103 及以下诸页、第 108 及以下诸页。

㊱ "关于国际私法和国际程序法改革的论题"(Thesen zur Reform des Internationalen Privat- und Verfahrensrechts),载于《拉贝尔杂志》第 44 卷(1980)第 344—366 页(第 347 页有个别参考资料);"德国国际私法的编纂——马克斯-普朗克研究所的意见"(Kodifikation des deutschen Internationalen Privatrechts—Stellungnahme des Max-Planck-Instituts),载于《拉贝尔杂志》第 47 卷(1983)第 595—690 页(第 627 及以下诸页、第 630 及以下诸页、第 655 及以下诸页)。

㊲ 有关的介绍,参见 A. K. 施耐德(A. K. Schnyder):《新国际私法立法》[Das neue IPR-Gesetz(1988)]第 13 及下页。

私法立法仍未达到这一标准,因为该法规定,"对于无法以其他方式圆满解决的案件",[38]在少数个别情况以及在严格的条件下,[39]法律选择一般只作为客观冲突法的附件予以适用。

(四) 相对方利益

将法律选择的自由牢固地锚定在冲突法思维中的前提是,可能的相对方利益与通过法律选择所表达的适用上的利益一样被重视。

通常情况下,公共利益是通过强行法来体现的。如今,在国际合同法中,当涉及内国法时,《民法典施行法》第34条(即1980年《罗马公约》第7条第2款)规定应考虑公共利益;利益权衡在这里被转化为解释问题:不论一般冲突法有何规定,强制性规范希望何时都予以适用?对于外国的公共利益,如果已通过法律阐明,在学术研究和司法判例中逐渐出现了一种评价和权衡制度,这使得对外国在法律适用方面利益的考虑或多或少地取决于外国和国内之间的价

---

[38] 例如,《法律事务委员会的报告》,联邦议院第10/5632号印刷品,第37页(=皮龙:《〈重新规定国际私法的法律〉生效后的国际私法和国际程序法:文本、材料及说明》第108页)和《重新规定国际私法的法律(政府草案)》,联邦议院第10/504号印刷品,第51页(=皮龙:《〈重新规定国际私法的法律〉生效后的国际私法和国际程序法:文本、材料及说明》第136页)(关于国际婚姻法)。

[39] 《民法典施行法》第14条第3款、第15条第2款、第25条第2款。其概述参见屈内:"新国际私法中非合同之债的当事人意思自治"(Die außerschuldvertragliche Parteiautonomie im neuen IPR),载于《国际私法与国际程序法实务》1987年第69—74页。

值一致性。⑩ 第三人利益应在何种程度上限制选择法律的自由，只能通过对个别领域和实体问题的评估和权衡来得出结论，这个问题在这里可能涉及的面太广。无论如何，应该强调的是，不仅可以通过完全排除的方式，还可以通过简单地将选择法律的自由限制在某些事实⑪或者可供选择的法律体系范围内的方法⑫来考虑这些问题。

对于当今的法律选择自由的理念来说，只因以下问题而出现更根本性的困难，即如何保护那些利用法律选择自由的人免受不当影响以及避免他们受到自卑、缺乏经验或疏忽大意的影响。由于这些事实，针对法律选择自由所存在的利益是有关人员本身的利益——只是这种利益在选择法律之后才被认可和主张；但是，人们也可以将其定义为一般公众的利益，即保护弱者和缺乏经验的个体，以确保在真正的意志自由中进行法律交易。

传统意义上的意思表示瑕疵（威胁、欺诈、错误）在这里几乎不是问题。防止出现意思表示瑕疵是每种法律制度的基本职责⑬，鉴于还存在细节上的差异，人们没有必要触及

---

⑩ 参见克罗依策:《德国法院审案时所面对的外国经济法》；克格尔:《国际私法》第712及以下诸页；冯·巴尔:《国际私法:第一卷》第223及以下诸页、第226及以下诸页；格罗斯费尔德:《国际公司法》第124及以下诸页。

⑪ 对此，参见《关于国际私法和国际程序法改革的论题》（前文注释㊱）。

⑫ 对此，例如参见屈内:《国际继承法中的当事人意思自治》第104及以下诸页、第129及以下诸页。

⑬ 茨威格特/克茨:《私法领域的比较法导论——第二卷:制度（第二版）》[Einführung in die Rechtsvergleichung auf dem Gebiete des Privatrechts², Ⅱ: Institutionen(1984)]第108及以下诸页。

整个法律选择的自由㉞。只要国家强行法旨在防止自卑、缺乏经验或者疏忽大意,则这一点同样适用。人们可以通过特殊的冲突规范(如《一般交易条件规制法》第 12 条),通过《民法典施行法》第 34 条和考虑外国强制性法律的原则来予以考虑,或者,当在国际上推定存在这种强行法时,也可以如《民法典施行法》第 29 条和第 30 条(即《罗马公约》第 5 条和第 6 条)对消费者合同和劳动合同那样,通过对法律选择自由本身按领域性地进行差异化限制来考虑。

关键的一点在于:即使当事人在没有真正了解有关法律制度实体内容的情况下进行了法律选择,是否必须保护他们不受法律选择的影响。克格尔显然将其固有的危险视为继承法中剥夺法律选择自由的一个根本原因(与合同法相反),"因为随着财产的分配,它规范的是一次对立遗嘱人具有重大个人意义的事件,而债务合同则是频繁的、多形式的、通常不太重要的、转瞬即逝的,因此以当事人意愿为连结因素更容易被接受"㉟。

我们看看所提供的替代性方案,就会发现"盲目的"法律选择并不是一个根本的问题,那些摆脱它的当事人利益并不值得保护。"盲目的"法律选择的替代方法,是客观的和抽象的联系规则的介入,这种规则决定了应适用的法律——这正是根据克格尔所说——同样不考虑其实体内容。盲目选择

㉞ 这一直是合同法的主流观点,当今《关于合同之债法律适用的欧洲公约》第 3 条第 4 款与第 8 条(=《民法典施行法》第 27 条第 4 款与第 31 条)。

㉟ 克格尔:《国际私法》第 651 页。

法律的危险必须并且可以通过推动和简化事先信息的各种规定来消除,例如通过形式条款(例证:《民法典施行法》第14条第4款),通过对可选择的法律体系的限制,㊻通过将法律选择限定在具体的争议(例如,《民事诉讼法》第39条所指的由于对管辖权不提出抗辩并应诉而可能形成的法院管辖合意,或通过《民事诉讼法》第38条第3款所指与争议有关的法院管辖协议)。此外,正如所有的选择情况一样,出于信息成本或其他利益的考虑,相关各方当事人在没有详细探讨所有备选方案的品质的情况下作出决定可能是非常理性的。因此,从法律选择可能存在的盲目性中,我们不能推断得出:在作出这种法律选择之后才可能产生的、摆脱法律选择控制的利益,应始终受到尊重。

（五）对法院地法的选择

从相对方利益的角度来看,法律选择虽然在结果上会导致适用法院地法,但其造成的困难最少。本国强行法的特殊联系(《民法典施行法》第34条)问题不需予以考虑。人们也最相信自己本国的法律,以防止当事人在选择法律时出现意思表示瑕疵、自卑或疏忽大意的情况。外国公共利益通过所选择的实体法规之外的强行法来维护自己,无论如何,它们在国内法院中的地位是最弱的,并且在未来很

㊻ 参见屈内:《国际继承法中的当事人意思自治》;《民法典施行法》第25条第2款;瑞士《关于国际私法的联邦法》第37条第2款、第52条第2款、90条第2款、第104条、第121条第3款。

长一段时间内都不太可能会获得优先地位。㊼

所谓第三人利益,在家庭法中首先是子女的利益,在继承法中是对继承有利害关系的亲属和债权人的利益,在物权法中是参与法律交易者的利益。就家庭法和继承法中的利益而言,人们倾向于认为它们可以通过法院地法得到充分的保护;如果这种想法有误,财产法事项(继承、扶养)中的"损害"会由于实体的法律效力受到人身限制而被限定在最小范围内。无论如何,如果根据客观冲突法,第三人的地位也只能根据"落选"的法规来决定(例如,根据《民法典施行法》第 19 条第 1 款、第 2 款第 1 项规定,子女的地位依照第 14 条所指的调整家庭关系的法律确定;对继承有利害关系的所有亲属的地位,由根据《民法典施行法》第 25 条所确定的继承准据法决定),㊽那么,第三人的利益只可能因法律选择而受到影响。但是,在所有冲突法中,这些法规都是根据某些特征来确定的,而这些特征并不取决于所涉法律(如住所、国籍、所在地)的实质性保护水平如何,而且所体现的恰恰不是这些利害关系方本人,而是赋予他们法律地位的人(父母、遗产人)的利益。㊾ 换言之,在这些情况下,

---

㊼ 参见克罗依策:《德国法院审案时所面对的外国经济法》;克格尔:《国际私法》第 712 及以下诸页;冯·巴尔:《国际私法:第一卷》第 223 及以下诸页、第 226 及以下诸页;格罗斯费尔德:《国际公司法》第 124 及以下诸页。

㊽ 不同的规定诸如有《民法典施行法》第 19 条第 2 款第 2 项、第 20 条。

㊾ 德勒(Dölle)在"国际继承法中的法律选择"(Die Rechtswahl im Internationalen Erbrecht),载于《拉贝尔杂志》第 30 卷(1966)第 205—240 页(第 217 页),以及继他之后的屈内在《国际继承法中的当事人意思自治》一书第 77 页中已经指出了这一点。

客观冲突法也是假定最能体现子女和亲属利益的是这样一种法律，即该法律不论其实体内容如何，对法律关系的"主要人员"来说都是决定性的。如果"主要人员"自己选择了法规，那为什么就不适用这一假设？

在物权法中，使法院地法得以适用的法律选择行为对第三人利益更为无害。此种法律选择以有关物权归属的法律纠纷为前提，而该纠纷的当事人为此已经达成或希望达成法律选择协议。但是，在这种情况下，关于法律效力属人范围的规则充分保证了对第三人利益的保护。㉚ 因而，没有理由在冲突法层面额外考虑这些利益。㉛

在所有这些情况下，很难想象的是：可能存在的第三人利益会反对基于法律选择适用法院地法，而且在权衡时该利益可能比法律选择中所表达的适用利益更受青睐。因此，所有允许选择特定法院地法的冲突规范，在具体案件中很有可能导致与当事人利益相符的结果㉜。当下文从利益

㉚ 详见弗莱斯纳"任意性冲突法"一文第 570 页。

㉛ 对于在仔细审查利益兼容性的框架内进行物权法中的当事人意思自治，还有施陶丁格尔主编、施托尔释义的《国际物权法》(1985)段号 220 及以下诸页、段号 227 及以下诸页、段号 309 及以下页；德罗布尼希："德国国际物权法的发展趋势"(Entwicklungstendenzen des deutschen internationalen Sachenrechts)，载于《克格尔祝寿文集》第 150 及下页；克格尔《国际私法》第 485 页提到的其他支持者。

㉜ 例如，根据匈牙利《法律适用条例》第 9 条规定，当事人可以在所有案件中选择（匈牙利）法院地法来取代本应适用的法律。荷兰《离婚法》第 1 条第 4 款也同样规定；关于这些文本，参见冯·奥弗贝克："'任意性冲突规则'理论与意思自治"，载于《弗朗克·菲舍尔祝寿文集》第 260 及下页。另外，现在根据《民法典施行法》第 25 条第 2 款所允许的就德国土地选择继承法的行为，也相当于适用（德国的）法院地法。

法学的角度来审视法院地法这个连结因素时,将会更加明确地看到这一点。

四、法院地法

(一) 基本观点

在国际私法中,一切都围绕着各国的法院地法运转。[113] 这个悖论可以用来描述冲突法思维中两种非常矛盾的倾向。根据其中一种说法,适用法院地法是基本规则。国际私法的理论必须解释何时、为何外国法律值得在国内法院中遵从。根据另一种说法,法院地法是一种与其他法律一样的法律。内国法和外国法必须在每个法院受到平等对待。适用法院地法所需要的冲突法依据与适用外国法并无二致,而且必须严格注意的是,不得出于方便、狭隘、自以为是的偏见或者纯粹的利己主义而赋予法院地法以优先地位。[153]

以法院地法作为出发点的观点,主要出现在英国和美国的冲突法思想中。艾伦茨威格在他的诸多著作中将其描述为"基本规则"(但后来仅作为"剩余规则"),并最终以适

---

[153] 关于法院地法作为冲突法思维的焦点问题,详见瓦塞斯坦-法斯贝格(Wasserstein-Fassberg):"法院:其在法律选择中的作用与意义"(The Forum—Its Role and Significance in Choice of Law),载于《比较法学杂志》第84卷(1985)第1—44页(第5及下页)。

用本国法具有事实上的正当性作为辩护依据。㊴ 对柯里而言,法院地法的主导地位是合理的,因为内国法院作为非政治性的国家机构,在涉及法律适用利益的国际竞争中,除了支持自己国家的利益外,不可能理性地作出除支持本国利益以外的其他决定。㊵ 但也有较为温和的理论将适用法院地法作为基本规则,㊶在这一点上,它得到了管辖权与在属人法、家庭法领域适用本国法之间的广泛联系以及下述程序原则的支持,㊷即外国法律仅在当事人有明确请求时(而且通常也要由当事人证明)才予以适用。㊸

而法院地法仅应被一视同仁地看作一种法律制度,这是溯源于萨维尼的传统欧洲大陆理论的观点。国际法律关系的需要证明了这一点;这就要求在平等和相互尊重的基础上协调私法体系,并构建一个中立的、能确保判决一致性

㊴ 关于艾伦茨威格的相关学说,应特别进一步参阅西尔:"如今的法院地法理论"(Die lex-fori-Lehre heute),载于《阿尔伯特·艾伦茨威格与国际私法》[A. Ehrenzweig und das internationale Privatrecht(1986)]第 35—136 页(第 49 及以下诸页)。

㊵ 柯里:《冲突法论文选》第 90 页、第 119 页、第 183 及下页、第 190 页,并且这种观点贯穿全文。另见前文注释⑭之前的文字。关于法院地法的整体细节和批评,参见拉利夫:"国际私法的趋势与方法"第 154 及以下诸页、第 185 及以下诸页。

㊶ 例如,斯科尔斯、海在《冲突法》一书第 5 页写道:"法律冲突理论……处理何时以及为何应适用外国法律的问题。"

㊷ 斯科尔斯/海:《冲突法》,第 475 页(离婚),第 541 页(收养);莫里斯:《冲突法》(第三版),第 191 页(离婚),第 254 及下页(收养)。这方面的信息,特别是在克格尔《国际私法》第 252 及下页有关"隐藏的反致"的德语文献中得到证明。

㊸ 斯科尔斯/海:《冲突法》第 410 页;莫里斯:《冲突法(第三版)》第 37 及下页。

第四章 影 响

的立法管辖权秩序:内国法和外国法必须平等地予以适用,并且必须寻求判决的和谐一致,即无论案件在哪个国家审理,都会根据同一法律制度来进行裁判。[359] 在一些支持这种观点的人看来,冲突法只有在援引适用外国法律时,才真正得到保留;法院地法似乎是一个消极的参照点(作为"对冲突法的否定"[360]),必须与之保持尽可能远的距离。[361] 在这种传统态度的基础上,甚至有人争论,相对于纯粹的国内案件而言,法院地法的适用(这是理所当然的)是否不应

---

[359] 在这个意义上,可参见例如诺伊豪斯:《国际私法的基本概念(第二版)》第 29 及以下诸页、第 43 页、第 49 及以下诸页、第 70 页、第 81 页、第 89 页;克格尔:"祖宅和梦想之宅"一文第 554 页;维塔:"法院地法与外国法之间的平等原则"(Il principio dell' uguaglianza tra „lex fori" e diritto straniero),载于《民事诉讼法季刊》(Riv. trim. dir. proc. civ.)第 18 卷(1964)第 1578—1665 页;西尔:"如今的法院地法理论"第 105 页;在瓦塞斯坦-法斯贝格的"法院:其在法律选择中的作用与意义"一文第 8 及下页中也有恰当的总结;其他的例证,参见诺伊豪斯:《国际私法的基本概念(第二版)》第 30、33 页;克格尔:《国际私法》第 194 页;克格尔:《国际私法:基础方法》第 13 页。

[360] 拉贝尔(Rabel):"国际私法个别学说中的德国司法判例"(Die deutsche Rechtsprechung in einzelnen Lehren des IPR),载于《拉贝尔杂志》第 3 卷(1929)第 752—757 页(第 754 页)。同样地,W. 戈尔德施密特(W. Goldschmidt)在"国际私法的哲学基础"(Die philosophischen Grundlagen des IPR),载于《马丁·沃尔夫祝寿文集》[FS Martin Wolff(1952)]第 203—223 页(第 205 页)写道:"国际私法的历史必须被描绘为法律沙文主义与法律世界主义的斗争史……国际私法在公理上的决定性因素是……处理外国法律时的倾向。"

[361] 在这方面,大多数欧洲大陆的教科书非常"讲究",在这些教科书中,法院并没有在公认的联系依据清单中得到强调,而最多是作为"返家趋势"这一问题的原因和目标;关于后者,请参见例如诺伊豪斯:《国际私法的基本概念(第二版)》第 67 及以下诸页。但现在凯勒/西尔的《国际私法的一般理论》第 390 及以下诸页持有不同观点;冯·巴尔:《国际私法:第一卷》第 473 及下页(然而,这仍然是可疑的:"强迫适用法院地法"第 474 页)。

该被认为是冲突法所认可的结果。⑫

在根据实际利益考察国际私法时，前述的两种基本观点作为理论构建和规范形成的出发点显得不够充分。传统的欧洲大陆学说已经铩羽而归，因为它所追求的法律制度平等没有真正的利害关系方；法律制度本身是知识产物和社会结构；它们本身对自己适用与否没有"利益"（或者无利益）。创造和维持法律制度的国家可能有这种利益。但是传统学说却认为，国家在其整个私法方面没有自己的适用利益，而最多在适用其经济和社会政策调控法（干预规范）方面有利益（然而，这种调控法不一定在外国法院得以适用）。⑬

因此，从利益法学的角度分析，所寻求的平等地对待各种法律制度的理论不仅是不充分的，而且是内在矛盾的。（正是根据该理论，）在绝大多数私法案件中，实际上只有私人当事人的利益，但它们是为了所涉的私人当事人的利益而用以适用此法律或者彼法律，而不是为了给有关法律制度创造平等的权利。

在利益法学看来，上述将法院地法作为"首选准据法"⑭予以适用的理由也好不到哪里去。虽然适用法院地

---

⑫ 关于这一点，见克格尔：《国际私法》第5页；舒里希：《冲突规范与实体法》第54—57页。然而，E.洛伦茨持反对意见，参见其"从保险合同的视角论新国际合同法"一文第310及下页；吕德里茨：《国际私法》第5页。更详细的内容，参见吕德里茨："过渡期的国际私法"第345—349页。其他的证据，参见西尔："如今的法院地法理论"第48及下页。

⑬ 关于这一点，详见诺伊豪斯：《国际私法的基本概念（第二版）》第29及以下诸页、第41及以下诸页，也见前文注释⑬—⑱处的文字。

⑭ 西尔在"如今的法院地法理论"一文第45及下页、第85页、第108页就是这种说法。

法在事实上占主导地位的现象,在实践中更是司空见惯(如艾伦茨威格等人的观点),但其正当性却没有从利益的角度予以解释说明;在大多数私法案件中,法院地国在执行其法律目的(柯里)方面的利益实际上是无法确定的。㊉

但是,人们还试图反过来从私法的超国家公正内涵中发展出对法院地法的偏爱㊚:法律不仅是一种社会目的,还是对在特定法律共同体中孕育的道德和正义信念的体现,"是共同体的传统、经验和智慧融入积极的法律原则体系中的一个持久的宝库"㊛。因此,在制定(成文法和判例法上的)私法规范时通常不确定其适用的空间或属人范围,并不是没有道理的;因为每一个国家的解决方案表面上都是合法的,其认真地回答了私人之间非常普遍的正义问题:"……除非国内立法者另有明确规定,否则当地的法律标准反映了共同体共同的正义、理性和权宜之计,因此是'一般的真理',其意义在于并不固有地和决定性地局限于纯国内的情况。"如果人们还认为适用本国法比适用外国法更容易、更快、更安全,那么适用法院地法似乎是一种自然的、理性的和不言而喻的解决方案,"但有充分的理由说明为什么某一当地立场与外国规则无关或以某种方式被该外国规则取代的除外"。㊜

㊉ 关于这一点,参见注释㉕㉖处的文字。
㊚ 在这个意义上,详见夏皮拉(Shapira):《法律选择的利益方法》[*The Interest Approach to Choice of Law* (1970)],特别是第 49—53 页。
㊛ 夏皮拉:《法律选择的利益方法》第 52 页。
㊜ 夏皮拉:《法律选择的利益方法》第 53 页。类似的观点,参见吕德里茨《国际私法》第 46 页:"实证正义通过法院地法予以体现"。

与那些认为私法被用于"控制"社会进程的学说相比，这种考虑方法有可能更符合私法的功能。然而，在进行现实的利益评估时，它并不倾向于法院地法。因为在诉讼程序中（前提是以法院地法为连结因素），通常必须依据具体的法律条文作出判决。因此，人们需要处理的不再是一般的正义观念（这些观念可能在当事人之间的法庭外处理阶段发挥了作用），而是这些观念在不同国家法律中的实证化结果（可能是不同的），以及相关当事人的潜在利益冲突，即从国家实证化的相对性中找到出路的方式，并且可以利用它们。这表明，所有国家的法律制度及其解决方案，实际上都在寻求同样的正义，并希望得到最好的结果，但这不再足以回应已在更具体的法律问题中出现的利益状况。

（二）利益

上述解释表明，根据对利益的现实分析，不可能存在有关法院地法重要性的共同基本观点。在任何情况下，适用抑或不适用法院地法，都必须以可辨识的利益为依据。

1. 在适用法院地法方面的利益，最明显的表现是被经常描述的法院在法律适用上的"努力返家"趋势。⑳ 当法院"以有利于适用法院地法的方式"扭曲或完全无视冲突法时，该学说对该行为予以谴责；但当法院使用诸如识别或反

---

⑳ 诺伊豪斯：《国际私法的基本概念（第二版）》第 67 及以下诸页；克格尔：《国际私法》第 88 及下页；努斯鲍姆（Nussbaum）：《德国国际私法》[Deustches IPR(1932)]第 42 及下页（这种说法可能源于他）。

致等冲突法的思维模式时,该学说则对其予以认可。[370]

然而,利益和利害关系方必须是决定性的。如果努力返家的目的是基于法官的利益,即省去处理外国法律的麻烦,那么这种做法就必须被排除在外,但并不是因为冲突法本身反对简化法院工作和外国法律适用的过程,而是因为法律的作用在于服务而非自利,法律的制定者和实施者应致力于服务而非追求自身利益。[371]而适用法院地法的合法利益,在于其有利于法院的工作,可以想象为具体的诉讼程序参与者之一,并进一步作为公众——资助法院的公民或法院系统的潜在用户的整体[372]——中的一员。无论如何,对利害关系人各方的考察清楚地表明:首先,寻求适用法院地法的正当性或失信性主要是因为利益而不是因为所选择的道路;其次,不能脱离各利害关系方来把握和评价利益。

2. 公众(由国家机构代表)可能会出于各种原因而在适用法院地法上有利益:首先,公众希望某些法律所追求的目标也能在国际案件中得到执行;其次,公众希望国内法院为每个人保留国内公平正义理念的某种最低内涵;最后,公众希望通过妥协接受那些在国内似乎令人反感的法律观念的方式,来维护国内的司法裁判权。公众在适用内国法上

---

[370] 参见诺伊豪斯、克格尔(同注释369)。

[371] 也参见注释[372]处的文字。

[372] 因此,在最频繁和最正确地使用科学地(共同)创造的国际私法制度方面的利益,也不会被承认为冲突法的作者(可能在这里和那里事实上存在)之一,但只有在它是公众之一的情况下才会被承认。

的这种利益,如果存在的话,可以通过单边的强制性冲突规范(例如《反限制竞争法》第 98 条第 2 款、《一般交易条件规制法》第 12 条)、强制性实体法中隐藏的冲突规范(例如《民法典施行法》第 34 条)、公共秩序条款(《民法典施行法》第 6 条)、根据《民法典》第 138 条和第 242 条的法律控制以及宪法性法律等方式,获得较其他连结因素更为优先的地位。适用法院地法最终符合公众利益,使得司法程序简单、快捷,并确保裁判质量符合国内标准。如果国家本身已通过其冲突规范对适用外国法进行了规定,那么,能否在现实利益法学的意义上接受这种利益的存在,还有待商榷。这一点将在下一节处理反致问题时再作讨论。㉝

3. 关键问题在于当事人的利益。从现实的角度来看,不可否认的是,即使与法院地法没有其他任何联系,但实际上基于当事人利益却指向适用法院地法。这种利益可能是受到当事人所希望的法院地法内容的驱动。然而,它也可以不受此限而产生于适用外国法律的固定基本条件,这些条件已在德国关于"任意性冲突法"的讨论中予以详细阐述。㉞这里只能再次对其进行总结:由于国内法官和律师通常不太熟悉外国法律,因此,咨询、法庭陈述、司法程序、裁判的作出及其理由的提供变得更加烦琐、不确定,同时更

㉝ 注释㊽及以下诸页的文字。

㉞ 弗莱斯纳:"任意性冲突法"一文第 549 及以下诸页;西米蒂斯:"论国际私法中的裁决",载于《户政杂志》1976 年第 15 页;施图尔姆:"任意性冲突法",第 344 及下页;米勒-格拉夫(Müller-Graff):"国际竞争法中的任意性冲突法"(Fakultatives Kollisionsrecht im internationalen Wettbewerbsrecht),载于《拉贝尔杂志》第 48 卷(1984)第 289—318 页(第 292 及以下诸页)。

第四章 影 响

为费时耗钱,而且(随着不确定性的增加,实际上是自相矛盾的!)上诉程序也被缩短。总的来说,司法机构和整体法律"服务"⑮的质量并没有达到通常的国内标准。相反,在国内法官手中所适用的外国法律也失去了在其"祖国"适用的实践中所具有的一些品质。奥托·卡恩-弗洛因德也说过,"当法律在外国法官手中时,它必须经历的变形之谜",⑯因为"A 国的法律在 B 国的法庭上总是与 A 国法律在 A 国法庭上适用得有所不同"。⑰ 在德国,米勒-格拉夫也同样指出,"真实"地适用外国法律是不可能的,这是无可避免的,"因为法律的适用不能脱离诉讼程序和法院嵌入其各自法律制度的程度",或者换句话说,因为"没有程序方面的实体法律只是真相的一半"。⑱

以这种方式总结的(与国内案例相比是负面的)情况和效果不一定会出现在每一起适用外国法律的案例中,但它们是其固有的情况。由此提出的将冲突法视为"任意性"的建议已被许多人否认;⑲但是,批评家们也基本认识到,外

---

⑮ 茨威格特:"论国际私法在社会价值上的贫乏"一文第 445 页。
⑯ 卡恩-弗洛因德(Kahn-Freund):"国际私法的一般问题"(General Problems of Private International Law),载于《海牙国际法演讲集》第 143 卷(1974-III)第 137—474 页(第 352 页)。
⑰ 卡恩-弗洛因德:"国际私法的一般问题"一文第 440 页,也可参见该文第 449 页。
⑱ 米勒-格拉夫:"国际竞争法中的任意性冲突法"第 293 页、第 309 及下页。巴泽多/迪尔-莱斯特纳最近非常生动地表示:正义需要一个法律"基础设施"(律师、法院、法律教育、文献、立法和审判的组织),这主要是由国家创造和维护的,而这又必然影响到法律的适用。
⑲ 关于选择性冲突法及其列入文献的问题,已在注释⑯之前和注释⑰—⑱处提出。

国法的适用与法官和律师所熟悉的国内法的适用条件明显不同。[30] 然而,这种差异足以承认当事人的利益,即有可能在法院地法的帮助下避免适用外国法律的弊端。当他们的案件由某国法院受理时,当事人已经从国际的法律空间("跨国空间")迂回至国内空间。他们寻求国家"公平正义基础设施"的帮助和保护,[31]显然,他们现在也有理由在其对实体法的期望中适应其特殊性。

因此,从利益法学的视角来看,只需要讨论在哪些情况下可以假定实际存在适用法院地法的利益,以及如何评价该利益和与可能存在的相对方利益的关系。如果诉讼程序中的各方当事人就法院地法的适用达成一致,那么这种利益显然存在。作为一种共同的利益,它应该同致使法院地法得以适用的法律选择协议一样,原则上受到积极评价。[32]另外,就可能与之发生冲突的公众利益或第三人利益而言,与已经讨论过的通过当事人协议选择法律的情况相比,没有额外的考虑因素;这种利益不太可能受到适用法院地法

---

[30] 对比克格尔:《国际私法》,第 316 页;吕德里茨:"当事人利益中的连结因素",第 51 页及下页;诺伊豪斯:《国际私法的基本概念(第二版)》第 65 页和第 222 及以下诸页;凯勒/西尔:《国际私法的一般理论》502 及下页、第 504 及下页;冯·巴尔:《国际私法:第一卷》第 354 页和第 472 页;拉利夫:"国际私法的趋势与方法"第 165 页。

[31] 巴泽多/迪尔—莱斯特纳(前文注释[30])就是这样的表述。

[32] 关于这一点,参见注释[24]及以下诸页。也有可能在共同诉讼声明中发现冲突法上的法律选择协议;但即使不把它们识别为法律选择的"协议",人们也可以将一致作出的声明视作未决诉讼确定法律适用的诉讼行为;对此,参见弗莱斯纳:"任意性冲突法"一文第 556、567 页。

第四章 影 响

的影响，而且在顺位上优先于当事人利益。[83]

关于任意性冲突法的论题的出发点是，即使没有当事人的明示声明，原则上也应推定为利益状况相同，或者反过来说，在当事人一方要求适用根据客观冲突法应予适用的外国法律之前，不能再进行这种推定。[84] 该论题的反对者认为，这是他们进行批判的主要原因之一。[85] 实际上，当事人对适用法律问题的默示，可能是基于不同的认识：当事人根本没有意识到外国法律的可适用性；或者他们虽然意识到了，但为了适用法院地法，（为自己或与对方一起）决定置之不理；或者他们虽然注意到了，但仍对此犹豫不决；也有可能每个当事人处于这些认识层次中的另一个层次。

对于利益法学而言，这种情境的困难在于不能足够清楚地确定当事人利益的方向。从利益法学的观点来看，在这种情况下，法官必须（根据德国法律，在其根据《民事诉讼法》第 139 条、第 273 条、第 278 条第 3 款所规定的释明义务的框架内）不仅有权利且总是有义务与当事人公开讨论国际私法问题，并要求他们就法律适用

---

[83] 参见注释[240]及以下诸页、[241]及以下诸页的文字。
[84] 弗莱斯纳："任意性冲突法"一文第 581 及下页。
[85] 例如，舒里希：《冲突规范与实体法》第 346、348 页；拉利夫："国际私法的趋势与方法"，第 174 及下页、第 176 及下页；博尔卡（Bolka）："关于当事人对国际私法司法适用的影响"（Zum Parteieneinfluß auf die richterliche Anwendung des IPR），载于《比较法学刊》1972 年第 241—256 页（第 249 页）；从实质上论述的，还有沙克（Schack）：《诉讼中的法律选择》（Rechtswahl im Prozeß），载于《新法学周刊》1984 年第 2736—2740 页。

进行解释。㊱ 就批评者反对法官在这方面的自由裁量权而言,他们的疑虑㊲从利益法学的角度来看似乎是有根据的。正确界定法官和当事人在诉讼程序法下的职责,是一件有关细节的问题(法官何时必须认为当事人在诉讼中的行为不明确,并因此进行指示和询问;以及他必须在何种程度上陈述对冲突法情况的评估)。

4. 从利益法学的角度来看,决定性因素不是在程序上执行(任意性的冲突法),而是冲突法是否愿意成为任意性法律,即对于未决诉讼,允许当事人在法院地法和其他可适用的外国法之间作出选择。除了已经讨论过的第三人利益和外国利益之外,还有什么相对方利益可以被证明足以推翻当事人就适用法院地法所达成的一致意愿,从而转向支持其他连结因素?

对于任意性冲突法思想的批判,针对的是从法律上对连结因素的判断;这种判断被推定为是具有充分理由的,并因涉及争议各方当事人的法院地法利益而遭到破坏、阻挠和弱化。㊳ 从实际出发,将事实或社会关系客观地"分配"给各种法律制度(或者反过来说,"援引"法律制度来进行调整),会被任意性冲突法不适当地抵消,这种想法并不

㊱ 同样看法的,还有拉佩/施图尔姆的《国际私法:第一卷(第六版)》第306 及下页和施图尔姆"任意性冲突法"一文第 341 及下页;沙克(同上注第 2739 页)。

㊲ 特别是反对我的言论,出处同上,第 582 及下页。

㊳ 参见吕德里茨:"当事人利益中的连结因素"第 51 及下页;拉利夫:"国际私法的趋势与方法"第 171 及下页;凯勒/西尔:《国际私法的一般理论》第 502 及下页。

少见。㊙

本书已多次证明,分配(或者说事实与法律制度的客观"联系")的想法是不可持续的;在该想法的背后,没有任何真正的利害关系方(既非法律制度,也非案件事实)的利益必须受到冲突法的重视。㊚ 相反,利害关系方更多地体现为公众共利益;公众具有秩序利益,是指拥有可靠的、在发生争议时可供援用的客观公正的冲突规范。这种利益不受冲突法的任意性的影响。这源于以下两方面的考虑。

首先,必须要怀疑的是,即使所涉及的具体当事人自身(赞成法院地法)并不重视某些连结因素,立法者是否有意为了当事人的利益而适用包含这些连结因素的冲突规范。难以想象公众在这方面具有利益,即一旦冲突规范存在,不论各方意愿如何,总是尽可能地予以适用。冲突规范不是为其本身而存在的,如果客观冲突法的"声誉"足以使为了当事人利益所预设的连结因素让位于当事人的特定具体利益,那么这种"威信"就不会受到威胁。如果冲突规范在个别情况下由于当事人意愿巧合地一致而不被允许适用,那么它们作为法律"基础设施"在未来仍完好无损地可供使用。

然而,即使立法者是为了当事人利益而选定连结因素,但如果其真的寻求一种客观的、排他性的分配秩序,那么就

㊙ 这种想法明确是米勒—格拉夫"国际竞争法中的任意性冲突法"一文第 306 及以下诸页的研究基础,但随后表明,它实际上并没有受到冲突规范的选择性适用的影响(第 309 及下页)。

㊚ 参见注释⑭及以下诸页和注释㊘㊙处的文字。

应该指出,它在评估当事人利益时必定存在缺漏,因此,它所创制的冲突规范具有一种内在的、应通过补充性的利益评估来满足的"扩展需要"[291]。因为在制定多边冲突规范时,不一定总能充分考虑到在具体案件中援引、适用哪种法律制度,受诉的法官对它的熟悉程度,以及具体当事人如何评估因法官不熟悉该冲突规范对其利益所造成的影响。如果他们的评估使得他们更倾向于以法院地法而非客观准据法作为裁判依据,那么就发生了前文所述的"利益损失"[292],而在利益发生明显差异时,就如同协商一致的当事人意愿发生偏差一样,这在任何情况下都足以成为对利益进行补充性评估的理由。[293] 舒里希本人一方面拒绝有关冲突法任意性的论题,但另一方面又最详细地探讨了立法者所构想

---

[291] 这方面更详细的文字,参见注释[273]—[280]、[287]—[290]。

[292] 这方面更详细的文字,参见注释[273]。

[293] 即使从更传统的意义上将冲突法理解为将法律关系客观地分配给"接近"它们的法律体系,这种与法律相辅相成的考虑也是合法的,因为除了立法上的接近性规定外,"国内法院的实际国际管辖权应被理解为所争议的法律关系与法院地法的密切程度的标准"。非常贴切的表达,参见米勒-格拉夫的"国际竞争法中的任意性冲突法"一文第309页。换言之,即使客观的冲突法从一开始就设定了支配法律关系的法律体系,但只有当法律关系在某一特定的法院(根据其冲突法和诉讼法)成为法律争议的标的时,它才会"接地气"并因此获得更坚实的法律形态。在这个意义上,凯勒/西尔在《国际私法的一般理论》第131页写道:"……只有将某一事实提交给国家法院进行裁判,才能将其分配给某一特定法律。在此之前,只要有关这种法律关系的纠纷可以在几个国家的法院提起诉讼,而且这些国家依照不同的指引规范,那么该法律关系不应先验地受任何特定的法律体系的约束。"里戈的《国际私法(第一卷):一般理论(第二版)》[Droit international privé, I: Théorie générale, 2. Aufl. (1987)]前言第6页、正文第53及以下诸页、第223及以下诸页,也基本上表达了相同的观点。

的和实际存在的冲突法中的当事人利益的歧异性,[34]因此,他显然愿意"将当事人的这种利益纳入权衡范围,这种利益或许源自法院必须适用外国法律的事实,并在特殊的利益组合情形下,可能允许替代性地在某些法律制度(尤其是法院地法)中进行有限的法律选择"。[35]

5. 上述种种考虑表明,当事人在适用法院地法方面的一致意愿并没有受到公众的秩序利益的压制,因为这些秩序利益并没有延伸到那么远,或者说,假如它们为了秩序利益而被纳入过度扩张的冲突法的适用范围,则必须予以纠正。

总而言之,从利益法学的角度看,这一结果对当事人就适用法院地法未达成合意,但至少有一方当事人援引那种指引外国法律的客观冲突规范的情况,进行相对简单的评估。这种利益是合法的,比另一方当事人的对立利益更为可取,原因在于要保护对现有冲突规范进行干预的信心;它得到公众合法利益的补充,即看到既定的冲突法制度在其他情况下维护信任感方面的作用。[36]

---

[34] 舒里希:《冲突规范与实体法》第199—204页;关于这一点,更详细的内容见上文注释[273]—[277]。

[35] 舒里希:《冲突规范与实体法》,第350页。然而,他作出了限制,即必须在"冲突法的范围内,根据重新制定不同规范的一般原则"进行。然而,这些限制并不影响选择性冲突法的想法。这是因为,它首先也是针对冲突法方面的立法者的,而且其次也应根据现行法予以遵守,由于对利益进行补充评估的必要性在冲突法中是具体存在的;对此,参见注释[273]—[279]、[289]—[290]。

[36] 只有在这里,"由于规范本身的存在而产生的潜在法律关系在连结因素的连续性方面的秩序利益和交往利益"才真正值得注意;舒里希:《冲突规范与实体法》第204页。持这种观点的还有弗莱斯纳:"任意性冲突法"一文第582页;施图尔姆:"任意性冲突法"第335页。

人们最多可能会问一下，如果具体案件中的冲突法情况非常复杂、充满不确定性或争议，以至于根本无法产生对某种冲突法结果的实际确信，那么对这种利益的保护是否也是适当的；如果当事人一方援引根据客观冲突法应予适用的外国法律，而客观联系规范恰恰没有考虑到该当事人的利益时，那么情况也是一样。㊇ 在这些情况下，另一方当事人在适用法院地法方面的固有合法利益可能会再次显现。然而，它可能需要与对方当事人的其他冲突利益相竞争，例如，这些利益可能因为外国法律的内容而指向适用该法律。㊈ 对于这些情况，难以提出一种普遍性的看法。一般而言，关键在于支持或反对法院地法的决定是从实际利益出发，而且法院地法所满足的"真实地"适用法律的利益也被承认为基本合法的利益。

6. 当冲突规范所指引的外国法无法查明时，传统的欧洲大陆学说距离对法院地法的正当性的实际评估有多远，可以通过替代性法律问题来阐明。然后，司法判例主要回溯到法院地法，而德国的学说则体现为越来越倾向于接受这种实用性的解决方案。㊉ 但是，人们通常拒绝直接通往适用法院地法的途径；法官必须首先努力以另一种方式执

㊇ 例如，在前文注释㊕已提到的有关奥地利人的案例中，他援引了德国法律，因为那里有可能得到养老金补偿。

㊈ 茨威格特在"论国际私法在社会价值上的贫乏"一文第447页建议，当不存在清晰和明确的指引规范时，应适用更好的法律。

㊉ 冯·巴尔：《国际私法：第一卷》第328及下页；吕德里茨：《国际私法》第90页。这两者附有司法判例为证。

行冲突规范的职责,如适用相关的法律制度⁴⁰⁰、形成冲突法上的替代连结因素⁴⁰¹、适用一般法律原则⁴⁰²或国际统一法⁴⁰³。其主旨就是:法官必须提防出于舒适或方便原因而"匆忙""草率"地逃避适用外国法律的职责。⁴⁰⁴

令人震惊的是,关于适用法院地法或者准确地说是所代表的替代解决方案实际上是为了谁的利益这个问题,迄今为止尚未在实践和理论中引起重视。⁴⁰⁵ 例如,可以想象的是,在诉讼程序中如果发现受诉法院无法对所援引的实体法作出通常有充分依据的裁定,那么在适用外国法律方面的现有利益或在立法时所假定的利益,可能会消失或者

---

⁴⁰⁰ 可能大多数作者持该种观点,例如克格尔:《国际私法》,第 323 页;凯勒、西尔:《国际私法的一般理论》,第 502 页;诺伊豪斯:《国际私法的基本概念(第二版)》第 390 页;拉利夫:"国际私法的趋势与方法"第 244 及下页。

⁴⁰¹ K. 米勒(Müller):"论冲突法所援引的外国法律的无法查明"(Zur Nichtfeststellbarkeit des kollisionsrechtlich berufenen ausländischen Rechts),载于《新法学周刊》1981 年第 481—486 页(第 484 及下页)。

⁴⁰² 克茨:"作为替代性法律一般法律原则"(Allgemeine Rechtsgrundsätze als Ersatzrecht),载于《拉贝尔杂志》第 34 卷(1970)第 663—678 页。

⁴⁰³ 对此,参见克罗依策:"作为替代性法律的统一法"(Einheitsrecht als Ersatzrecht),载于《新法学周刊》1983 年第 1943—1948 页(第 1947 及下页);事实上,联邦普通法院 1960 年 11 月 24 日在著名的阿富汗汇票法案中的裁判,载于《新法学周刊》1961 年第 410 页(第 412 页)也是如此。

⁴⁰⁴ 例如,诺伊豪斯在《国际私法的基本概念(第二版)》第 392 页中特别直截了当地表示:"……与公开地适用法院地法相比,可能错误地适用外国法律(有时是)较小的危害。……最重要的是……从法官的心理角度来看,为他打开通往法院法的道路是危险的。"克罗依策在《作为替代法的统一法》一文第 1946 写道:"立即诉诸法院地法是对国际私法正义精神的一种冒犯。"

⁴⁰⁵ 这种"利益缺失"在德国拜罗伊特地方高等法院 1970 年 3 月 19 日的判决(载于 1970《国际私法裁判汇编》第 65 项)中的效果尤其明显,该判决经常被作为用以避免法院地法的替代法的努力典范而予以引用。

127 变得无足轻重。[406] 哪些利益考虑会因为这类情况受到质疑和挑战,联邦普通法院的一项判决——在德国学说中是适用法院地法的一个典型案例[407]——就能说明。

该案涉及一名德国女性和一名突尼斯男性在德国所生孩子的准正问题。他们于孩子出生后在德国结婚,丈夫在结婚当天向身份登记员正式地宣布承认父亲身份。为孩子指定的官方监护人已经表示同意。这家人在德国生活。在诉讼程序中,身份登记员希望法院根据《民事身份登记法》第31条第2款的规定,就是否应将准正事项在出生登记簿上登记的事宜作出司法裁决。问题是:能否根据《民法典》第1719条通过事后的婚姻,或者根据突尼斯(伊斯兰)法律基于对父亲身份的承认而获得准正?

根据德国当时的冲突规范(旧文本的《民法典施行法》第22条),突尼斯法律将作为父亲的本国法得以适用。[408] 然而,无法说明是否满足了突尼斯法律对准正承认的要求。[409]

---

[406] 在这个方向上,还有冯·巴尔:《国际私法:第一卷》第329页;期望当事人进一步继续等待裁决(例如通过搜索某一密切相关的法律内容)可能是不合理的。

[407] 联邦普通法院1977年10月26日的判决,载于《联邦普通法院民事裁判集》第69卷第387页。

[408] 如今,对于结婚的准正,德国法律从一开始就作为父母的居所地法律予以适用(《民法典施行法》第21条第1款第1句及第14条第1款第2项),或者辅助性地作为母亲的本国法予以适用(《民法典施行法》第21条第2款)。

[409] 联邦普通法院(同注释[407]);关于这一点,相互矛盾的观点参见文格勒/科勒(Wengler/Kohler):"伊斯兰法上的生父关系在新近司法判例中的承认"(Das Vaterschaftsanerkenntnis des Islamrechts in der neueren Rechtsprechung),载于《户政杂志》1978年第173—179页;迪尔格(Dilger):"伊斯兰法上的生父关系在联邦普通法院新近司法判例中的承认"(Das Vaterschaftsanerkenntnis des islamischen Rechts in der neueren Rechtsprechung des BGH),载于《户政杂志》1978年第235—239页。

第四章 影 响

联邦普通法院决定支持适用德国法院地法,这是因为,无论如何,鉴于该案与德国有充分的联系,而且父母和孩子同意进行准正登记,"这是……必须优先适用本国法律中的实体规范,作为最切实可行的解决办法";该儿童应视为已经准正。[40]

该判决引发了冲突法学界的恐慌,并受到冲突法学界和伊斯兰法专家的尖锐批判。[41] 这种批判使国际私法看起来像一个脱离了具体的利益状况、自行其是的思想体系,国际私法应该对外国法律制度"公正",避免法院地法,并应该总体上正确地将案件事实归属到法律制度中。对利益的分析表明如下:

为了准正(《民法典施行法》第 22 条)但同时也为了确定出身和血统(旧文本的《民法典施行法》第 18 条)[42]而以父亲的本国法为连结因素(根据当时的法律),是为了维护所假定的父亲对于根据他所熟悉的本国法进行裁判的利益。这种利益,即使在诉讼程序开始时具体地存在于父亲身上,也不得不被动摇,因为德国法院逐渐认识到无法毫无疑问地确定和查明这种本国法律。然而,正如该父亲的行为所

---

[40] 《联邦普通法院民事裁判集》第 69 卷第 387 页(第 394 页)。

[41] 例如,西尔:"如今的法院地法理论"一文第 118、119 页:"努力返家"的"危险强度","草率适用法院地法";黑尔德里希:"在新的道路上努力返家"(Heimwärtsstreben auf neuen Wegen),载于《费里德祝寿文集》[FS Ferid (1978)]第 209—220 页(第 211、218 页);人们不能"过早地宣布国际私法的破产……","……简单而尖锐地堆上自己法律体系的笨拙瓦砾";文格勒、科勒以及迪尔格的论文(参见注释[40])。

[42] 文格勒/科勒想把本案的事实定性为出身问题。

示（与孩子的母亲结婚，承认父亲身份，对于根据《民事身份登记法》第 31 条第 2 款进行准正登记无任何异议），这位父亲的首要目标不是适用他的本国法律，而是尽可能为他的孩子提供准正的合法地位。德国法律（《民法典》第 1719 条）很容易地且肯定地提供了这种地位；而突尼斯的法律——如事实证明的那样——即使经过四个审级的法律审查并以详细的专家意见为基础，也无法充分肯定地予以确定。[413] 依照父亲的实际利益来衡量，所有这些因素都使得适用突尼斯法律的做法受到质疑。此外，联邦普通法院明确指出，母亲和孩子（由官方监护人代表）也同意将准正事项载入登记簿。[414] 反对适用德国法院地法的唯一论据是德国公众或有关各方当事人的可想象的利益（但他们自己没有考虑到这一点），即出生登记簿上保留没有在父亲本国被拒绝承认的条目。但是，鉴于本案与德国的紧密联系（孩子出生、父母结婚、家庭在德国境内的经常居住地；母亲和孩子的德国国籍），这种利益在权衡过程中可能会被忽视。

因此，联邦普通法院不仅"切实可行"地作出了裁决，而且帮助实现了合法利益。德国国际私法学说的立场特点是，这一点在任何地方都没有被公众注意到，更不用说受到欢迎了[415]。

---

  [413] 迪尔格引用了在法院裁判前既已存在的专家意见，法院裁判后仍存在的疑虑体现于迪尔格和文格勒、科勒相互矛盾的陈述中。

  [414] 这一提示未刊载于《联邦普通法院民事裁判集》第 69 卷第 387 页。

  [415] 只有冯·巴尔在《国际私法：第一卷》第 329 页回应了当事人的诉求，从而至少承认了适用法院地法的程序法利益。

五、反致

对许多人来说,反致地地道道地代表了冲突法思维,它是"国际私法"的"象征"或者"旗手"。[416] 然而,最近的冲突法学说越来越以清醒和不甘的态度看待它,甚至在那些认为它是指引法的正常组成部分的国家也同样如此。这种冷漠和克制有深层次的原因。事实是,反致暴露了传统冲突法体系的破裂和内部矛盾。遵守反致的各种常见理由就说明了这一点。

(一) 论据

1. 在反致理论的早期,存在各种关于相关国家或者法律制度的适用意愿和无利益的想法[417]。援引外国法律的法院地国将对案件事实的调整"留给"被援引的法律制度去处理,使其成为一项"要约",因为法院地国想要为其"让路",

---

[416] 冯·奥弗贝克:"根据最近的编纂和草案所提出的国际私法的一般问题"(Les questions générales du d. i. p. à la lumière des codifications et projets récents),载于《海牙国际法演讲集》第 176 卷(1982-Ⅲ)第 9—258 页(第 127 页):"国际私法的象征或旗手"。

[417] 冯·巴尔在《国际私法:第一卷》第 535 及下页也表示了相同看法。"Krebs./Rosalino"案[吕贝克高等上诉法院 1861 年 3 月 21 日判决,载于《佐伊费特(Seuffert)档案》第 14 卷(1861)第 164 页]也是一个例子,该案作为德国早期的反致案例被列入教科书;克格尔:《国际私法》第 238 及下页、第 243 页;冯·巴尔:《国际私法:第一卷》第 535 页。该判决的重点是:所援引的住所地法律是"想要适用"还是"将一类人,即在那里定居的外国人完全排除在那里的继承法规定之外,并希望他们按照其祖国的法律来判决"(出处同上,第 165 及下页)。

或者本身对调整案件事实没有任何利益。[418] 如果外国现在援引法院地国或者第三国的法律,那就表明它同样对此无利益,它已经拒绝了该项要约。但这样一来,法院可以并且也应该适用其自己国家的法律。这是因为,在 A 国根据 B 国的法律来判断案件事实,而在 B 国根据 A 国的法律来判断案件事实,是没有意义的。[419]

这些想法是不现实的,也是相互矛盾的。作为一项规则,同一案件只能被裁判一次(不能在几个法院,甚至同一时间进行裁判!)。因此,要约、拒绝要约、法院与外国的适用利益和无利益都不是具体案件的真实情况,它们甚至不处于更一般的层面,因为在私法和相关的冲突规范的背后,通常没有法律制度或者国家自身的国际定向的适用利益[420]——对此,对反致制度友好的德国主流理论在其他地方一再正确地予以指出[421]。因此,在冲突法上,所有以适用利益和提供优先权来证明反致的各种想法都是空谈。此

---

[418] 在这个意义上,例如诺伊豪斯:《国际私法的基本概念(第二版)》,第 269、272 页;凯勒/西尔:《国际私法的一般理论》第 466 页;努斯鲍姆:《德国国际私法》第 53 及下页、第 55 页;德勒(Dölle):《国际私法(第二版)》[IPR² (1972)]第 94 页(让外国法律"有优先权")。关于以这种方式论证的旧文献(批判性地)还有汉斯·莱瓦尔德(Hans Lewald):"反致理论"(La théorie du renvoi),载于《海牙国际法演讲集》第 29 卷(1929-IV)第 515—616 页(第 600 及以下诸页);K. 米勒:"关于整体反致问题"(Zum Problem der Gesamtverweisung),载于《比较法与法律统一化》第 191—212 页(第 209 页)。

[419] 这方面还有拉贝尔:《冲突法比较研究(第一卷)》(*Conflict of Laws— A Comparative Study* I),第 79 页。

[420] 对这种想法也持批评态度的有马丁·沃尔夫:《德国国际私法(第三版)》,第 76 页;冯·巴尔:《国际私法:第一卷》第 535 及下页。

[421] 参见前文注释[363]。

外,它们让人联想到长期以来被摒弃的"礼让"学说,该学说将外国法律的适用解释为国家间的相互友好通融。[22] 但如果我们依照《民法典施行法》第 25 条第 1 款的规定,根据法国法律来裁判一个法国人的继承案件,那就是"……以便在各方当事人之间实现公正,而不是出于对法兰西共和国表示礼貌的任何愿望"。[23]

2. 遵守反致的主要论点,后来变成了判决一致的理想,特别是在奉行住所地原则国和国籍原则的国家之间实现判决一致的理想。[24] 但是,人们现在知道,通过承认反致,距离判决一致的理想就非常近。[25] 在实践中,只有当竞争性的国际管辖权并存时,才有必要判决一致。那么,各法院连结因素的统一性使得各方当事人有可能将他们的关系提交给法律裁判;在发生争议时,任何一方当事人都不能从几个相互竞争的管辖法院中选择似乎对其最有利的冲突法所属国法院管辖。然而,众所周知,只有当其他相关法律制度在反致问题上采取与内国法不同的立场,即不承认反致,

---

[22] 这方面更详细的内容,参见凯勒/西尔:《国际私法的一般理论》,第 41 及以下诸页;冯·巴尔:《国际私法:第一卷》第 384 及以下诸页;更简短的内容,参见克格尔:《国际私法》第 111 及下页、第 115 及下页。

[23] 莫里斯:《冲突法(第三版)》,第 6 页。

[24] 对此,例如克格尔:《国际私法》第 243 及下页;诺伊豪斯:《国际私法的基本概念(第二版)》第 270 页;马丁·沃尔夫:《德国国际私法(第三版)》第 77 及下页。进一步的论据,参见米勒:"关于整体反致问题"第 200 及下页。

[25] 对此,冯·奥弗贝克:"根据最近的编纂和草案所提出的国际私法的一般问题"第 162 页;吕德里茨:《国际私法》第 78 及下页。

或者，与德国法律不同，不中断反致时，才能实现这种统一。⑫ 然而，这种情况比较罕见。⑫

此外，如果人们甚至利用最初援引的法律中的管辖权规范来读出"隐藏的"反致，就像德国的学说和实践中那样，特别是在英国和美国的国际婚姻法和亲子关系法中，无法实现判决的统一性。⑫ 这种反致思维的前提是，在每一个相关的国家，判决是根据法院地法而不是基于一致性作出的。在德国，家庭法上的这种反致形式已经成为普遍做法。

最后，鉴于其普通的不可实现性，判决一致的理想本身也日益引发质疑。在国际上数个并立的管辖法院中作出审慎选择，甚至是一方当事人的单边选择，即使这种选择是以所选法院地的冲突法为依据，也符合正当利益。⑫ 但是，只要人们认为这种"挑选法院"——与克洛弗勒观点⑱一样——

---

⑮ 对于详细的细节问题，参见例如诺伊豪斯：《国际私法的基本概念（第二版）》第 272 及下页；马丁·沃尔夫：《德国国际私法（第三版）》第 75 及下页；克格尔：《国际私法》第 240 及下页。

⑰ 关于反致的国际立场，详细资料参见凯勒/西尔：《国际私法的一般理论》第 467 及以下诸页；冯·奥弗贝克："根据最近的编纂和草案所提出的国际私法的一般问题"第 133 及以下诸页。

⑱ 详见诺伊豪斯：《国际私法的基本概念（第二版）》第 282 及以下诸页；拉佩/施图尔姆：《国际私法：第一卷（第六版）》第 167 及下页；克格尔：《国际私法》第 252 及下页；冯·巴尔：《国际私法：第一卷》第 474 页；持批评态度的，参见凯勒/西尔：《国际私法的一般理论》第 485 及下页。

⑫ 关于"选择法院"受尊重的可能性，参见前文注释㉖及凯勒/西尔：《国际私法的一般理论》第 231 页；冯·巴尔：《国际私法：第一卷》第 354 及以下诸页。

⑱ 克罗弗勒："国际管辖权"一文第 260 及下页。

正是由于间接地选择冲突法而被视为不合法的,那么,必须通过减少管辖权冲突的可能性并通过冲突法的统一化来提供有效的补救措施。[631] 反致在这方面显然无济于事;在这方面进行统一化的尝试,已被证明是不成功的。[632]

3. 然而,从理论上讲,即使人们对于反致的法律政策目标有所降低,也无法挽救反致制度。对某些著述者而言,最初援引的外国法律所选择的另类的确定反致或者转致的连结因素体现了法院就连结因素所作裁决的相关性。在法院本身不能确定其本国的首要联系规范的公平性和适当性的情况下,承认反致,是正当合理的。[633] 从这个角度来看,反致作为例外条款,是对被评估为不完善的国内冲突规范的补充和纠正。[634]

对主要联系的这种补充或纠正,并不会因为其"阻挠""破坏"了对本国冲突法的价值评估而受到质疑。[635] 相反,

---

[631] 参见克罗弗勒:"国际第辖权"第261及下页;克罗弗勒:"挑选法院的不适感"第170—173页。

[632] 对此可参见1955年的《海牙公约》(关于该公约,参见诺伊豪斯:《国际私法的基本概念(第二版)》第279页;克格尔:《国际私法》第254页)和国际法研究院的研究工作[关于这一点,冯·奥弗贝克:"国际法研究院的反致态度"(Renvoi in the Institute of International Law),载于《美国比较法杂志》第12卷(1963)第544—548页;冯·奥弗贝克:"根据最近的编纂和草案所提出的国际私法的一般问题",第128页];关于上述两者,参见凯勒/西尔:《国际私法的一般理论》第470及下。

[633] 诺伊豪斯:《国际私法的基本概念(第二版)》第270页;凯勒/西尔:《国际私法的一般理论》第474页;吕德里茨:《国际私法》第79页。

[634] 在这个方向的论证上,还有巴蒂福尔/拉加德:《国际私法:第一卷(第七版)》,第304目;冯·奥弗贝克:"根据最近的编纂和草案所提出的国际私法的一般问题"第161及下页、第167页。

[635] 在这点上,可以参见冯·巴尔:《国际私法:第一卷》第536页。

从利益法学来看,应确认的恰恰是冲突规范由于其极度的抽象性而需要扩展其评价尺度。⑱ 然而,反致无法从利益上满足这种需要,因为它不取决于首要连结因素需要补充或者纠正的原因,以国籍为连结因素就是一个实例。在德国的国际私法改革中,为了当事人的利益,决定保留该原则,并充分了解和认识到有许多充足的理由支持相反的居住地原则,而且很难在这些备选项中作出抉择。⑲ 在具体的案件中,如果判决作出地是在一个以居住地(或者所在地、行为地)为连结因素的国家,那么为什么这个判决只在这时且始终在这时需要(通过反致)纠正?而且,为什么当事人的具体利益,即"与祖国的亲密关系",仅仅因为另一国家对它们的不同抽象理解和评价,就应该被削弱并受到不同的评价?与祖国亲密关系的程度并不因这种连结因素所指向的国家而相对化;而且这种联系的抽象性只能通过考虑个案中的当事人利益而与之相符,而非通过抽象的反向联系。

4. 毕竟,从反致的直接效果来看,即法院地法的适用,仍然存在正当理由。这可能是司法裁判从一开始就遵守反致的决定性因素,对学说而言,这种因素正日益

---

⑱ 关于这一点,详见注释㉓—㉙、㉘⑨—㉚。
⑲ 《〈重新规定国际私法的法律〉(政府草案)论证说明》,联邦议院第10/504号印刷品第30及下页(=皮龙《〈重新规定国际私法的法律〉生效后的国际私法和国际程序法:文本、材料及说明》第106及下页);对此甚至更明确地强调利弊的观点,参见屈内:《国际继承法中的当事人意思自治》第64及下页。

凸显。⑬

然而，即使有这样的功能和理由，在利益法学看来，反致也不能真正令人满意。诚然，国内公众和当事人在适用法院地法中的利益都是可以想象的。㊵但是，反致是基于外国冲突法条款展开的，该条款不愿意也不能满足这些利益，因为它是针对自己本国法院的，而不是——无论通过什么连结因素——想要帮助另一个国家或者当事人适用那里的法院地法（即那个法院所在地的法律）。只有反致思维的第二部分才能以满足适用法院地法的利益为目的，即遵守反致并通过适用法院地法中断反致。㊶但是，为什么国内冲突法会愿意在适用法院地法时考虑现有利益，取决于首先被援引的法律通过其（反向）指引提供这种可能性的巧合？这样一来，根据是否存在反致，会在适用法院地法的利益可能同样强烈的情况下造成不平等。这种论点，即只有首先被援引的法律体系通过其联系规则"允许"这样做，不能用来证明这种不平等待遇的正当性；因为从现实的角度

---

⑬　冯·巴尔：《国际私法：第一卷》第 535 页；诺伊豪斯：《国际私法的基本概念（第二版）》第 270 及下页；马丁·沃尔夫：《德国国际私法（第三版）》第 76 及下页。德国立法者也在《重新规定国际私法的法律（政府草案）》，联邦议院第 10/504 号印刷品第 38 页（=皮龙《〈重新规定国际私法的法律〉生效后的国际私法和国际程序法：文本、材料及说明》第 118 页）中明确表示过："反致导致……明显大大地增加了其本国法律的适用。这实质上有助于使在思想顺序上很困难的法律概念在法律适用上变得切实可行。"通俗地说：为了到达法院地法的拯救之岸，实务中将（也应该）不回避曲折的迂回路线。

㊵　对此，参见注释㉚及以下诸页。

㊶　关于反致的中断，即使它被外国法律称为"完全反致"，特别是凯勒/西尔的《国际私法的一般理论》第 466 及下页也包括在内。

来看,不可能存在对所涉及的法律体系的适用要求和许可问题,当然也不存在被援引的外国法律命令或允许国内法院适用其自己的法律。

正是由于这种冲突法条款,对其本国法律进行反致的人与祖国亲密程度的评估低于没有对其本国法律进行反致的人,这同样是不太现实的。一国的冲突法,特别是它在外国法院的影响,很可能是最不重要的一项影响与祖国亲密程度的法律因素。

（二）利益

前文的论述表明,不仅"缺乏一致的反驳反致的理由"[40],而且所提供的理由都与其前提和实际情况不符。唯有适用法院地法的效果可以归功于反致,但这种效果的实现是独立于现实利益的,并具有离奇的巧合性。然而,由于反致的这种效果,值得重新审视适用法院地法的各种潜在利益,并探讨为了这些利益而是否值得去遵守反致。

1. 公众可能对适用"他们的"法院地法有利益,因为他们(由主管国家机关代表)认为其内容绝对值得执行。公共秩序条款(德国《民法典施行法》第6条)、有关国内强制性法律的特殊法律适用规定(例如《反限制竞争法》第98条第2款、《一般交易条件规制法》第12条)以及日益明确的有关强制性实体规范的理论已经满足了这一需求,这些实体

---

[40] 凯勒/西尔:《国际私法的一般理论》第467页。

规范也默示(隐含)地界定了其国际适用范围。[42] 通过这些法律途径,普通公众对于适用法院地法的利益得以直接而有目的地实现;它不需要通过反致来兜圈子,因为反致也只能随机性地命中(适用法院地法的)目标。

公众对于适用法院地法的利益还存在这样一种动机,即为寻求法律援助者提供一种安全可靠、便捷快速、节约成本的司法机制,并由这种机制根据实际的国内情况"真实地"作出判决。[43] 但是,如果立法者在不考虑其法院地法效力的情况下确立其主要指引对象(德国《民法典施行法》在以国籍为连结因素时就是这样),那么人们必定会怀疑这种利益是否存在。[44] 然而,在某种程度上,如果立法者同时宣布反致制度应得到普遍遵守(如《民法典施行法》第4条),并在增加适用本国法律的基础上来予以证明和实现,则可以再次认为其存在。[45] 但是,只有当外国的冲突法——出于完全不同的原因,并且实际上根本不处理该国尚未审结的案件,而是为了由其法院审理的案件——宣布指向德国

---

[42] 后者得到了《关于合同之债法律适用的欧洲公约》第7条第2款(=《民法典施行法》第34条)的认可。

[43] 马丁·沃尔夫在《德国国际私法(第三版)》第76页首先予以强调;此外,关于这种利益,已在注释[24]—[27]中提及。

[44] 德国《〈重新规定国际私法的法律〉(政府草案)论证说明》,联邦议院第10/504号印刷品第33页(=皮龙《〈重新规定国际私法的法律〉生效后的国际私法和国际程序法:文本、材料及说明》第107页)明确拒绝为增加法院地法的适用而背离国籍原则的想法。

[45] 参见联邦议院第10/504号印刷品第38页(=皮龙《〈重新规定国际私法的法律〉生效后的国际私法和国际程序法:文本、材料及说明》第118页),逐字转载于前文注释[43]。

法律时，才敢提起的这种维护良好的国内司法的利益到底是什么？相反，这是一种反常现象，很难被以实际利益为导向的法学认真对待。

2. 对于因法院地司法质量较好而可能在法院地法中存在的当事人利益，前文已经予以论述。⁴⁶ 得以直接考虑该利益的方式包括：广泛承认指向法院地法的法律选择、⁴⁷ 尊重当事人在诉讼程序中宣称达成的一致意愿，⁴⁸以及在某些情况下，当主要的相关冲突规范因其模糊性或者可疑性而为此留有余地时，⁴⁹通过补充评估的方式，而无须通过反致这个转盘来兜圈子。这是因为，即便各方当事人实际上对适用法院地法没有利益，也还是会导致法院地法的适用。因此，人们可能会问，如果英国和美国的夫妻双方、父母和子女在德国的个人事项，因为"隐藏的"、已一文不值的反致制度，而没有先验地按照他们的本国法处理，那么，他们是否会真的总是感觉得到了良好的服务？重要的是，在广为流传的有关该反致种类的理论和实践中，这个问题没有发挥任何作用。

当事人在适用法院地法方面的利益也可能源于这样一个事实，即当事人双方（或者其中一方）相信，根据现行的法院地法，先前的行为是受许可的，并会因为适用另一个最初援引的法律而感到失望。在欧洲文献中，有这样一个由拉

---

⑯ 对此，参见注释㉘⓷㉛。
⑰ 对此，参见注释㉞及以下诸页。
⑱ 对此，参见注释㉜。
⑲ 对此，参见注释㉗及以下诸页。

佩(Raape)所设计的案例：叔叔和侄女都是在莫斯科居住多年的瑞士公民，他们在那里结婚，后来在德国法院就婚姻的有效性发生争议。[60] 瑞士法律(《瑞士民法典》第 100 条)禁止叔叔和侄女之间的婚姻，从而导致案涉婚姻无效，但如果是在国外根据当地法律有效缔结的婚姻，且没有规避法律的意图的，则予以承认(当时的《关于定居和暂住居民的民法关系的联邦法》第 7 条 f 项)。[61] 俄罗斯法律和德国法律一样，都不将旁系亲属关系视为婚姻障碍。这个案例被作为转致的例子；然而，即使将它作为反致的例子(从瑞士的角度来看，它是一个反致的例子)，问题本质上并无差异。

拉佩想用此案来证明，不遵守反致和转致可能会导致严重的不公正；同时，目前的法院必须承认根据俄罗斯婚姻法和瑞士冲突法而缔结的婚姻的有效性。[62]

如今，对这一结果不可能有任何争议。[63] 然而，人们不

---

[60] 拉佩：《国际私法(第五版)》[IPR⁵(1961)]第 69 页。如今更详细的内容，参见拉佩/施图尔姆：《国际私法：第一卷(第六版)》第 166 页。涉及这种情况的，还有巴蒂福尔/拉加德：《国际私法：第一卷(第七版)》第 306 目；冯·奥弗贝克："根据最近的编纂和草案所提出的国际私法的一般问题"第 171 页；凯勒/西尔：《国际私法的一般理论》第 472 及下页、第 474 页("漂亮的例子")。

[61] 如今的瑞士《关于国际私法的联邦法》第 45 条第 2 款。

[62] 拉佩：《国际私法(第五版)》，第 69 页；拉佩/施图尔姆：《国际私法：第一卷(第六版)》，第 450 页。拉佩之前已经在《德国国际私法：第一卷》[Deutsches IPR I(1938)]第 54 页中表示："谁忍心宣布这些瑞士人的婚姻无效？"。

[63] 对此，汉斯·莱瓦尔德在"冲突法的一般规则"(Règles générales des conflits de lois)，载于《海牙国际法演讲集》第 69 卷(1939-Ⅲ)第 1—147 页(第 59 页)曾干巴巴地评论说："……我敬爱的同事均没有提出异议。没有人想让这桩婚姻无效。"

得不怀疑,在所提到的瑞士条款中是否看到了真正意义上的指引规范,因为它只涉及对婚姻的承认。无论如何,人们没有必要为了对在这种特殊情况下根据外国法律善意地完成的事实构成给予必要的信赖保护,而普遍性地遵守反致和转致。新的瑞士《关于国际私法的联邦法》和其他最近的议案、法律都包含了有关承认已在国外设立或变更的身份关系的特殊规定。⑭ 即使没有相关条款或有关反致问题的实在法规定,一以贯之的利益法学也能通过避让条款、公共秩序或补充利益评价来取得令人满意的结果。

(三)结果

上述对反致可能满足的利益的考察表明:基于真实利益的冲突法在其形成和实践中并不依赖反致。立法者或司法机构对反致的关注越少,对严格限制的领域予以保留的关注越多,其服务于合法利益的可能性就越大。但是,反致越是泛化并进入冲突法体系的中心,它就越有可能产生空转和巧合性的结果。在特定的冲突法体系中,反致的地位可以视作一个风向标,用来体现整个体系在多大程度上被理解为有意识地安排利益的手段。

从这一视角来看,新近编纂的瑞士《关于国际私法的联

---

⑭ 详见冯·奥弗贝克:"根据最近的编纂和草案所提出的国际私法的一般问题"第168及以下诸页;关于这种特殊的解决方案,还可参凯勒/西尔:《国际私法的一般理论》第619及下页。

邦法》对反致的克制态度⑥似乎比德国的国际私法编纂更成功,后者仍然在属人法、家庭法和继承法中赋予反致以核心地位(《民法典施行法》第 4 条)。然而,在成为法律的最后一刻,德国的相关规定得到了有限补充,使得处理反致的方式符合利益的实际需要。⑥然而,这反映了主流的德国冲突法理论的状态,即学界尚未认识到这一潜力,或者无论如何,目前几乎不想使用它。⑥

---

⑥ 立法草案第 13 条(现在的瑞士《关于国际私法的联邦法》第 14 条)和相关的论证说明,载于《关于国际私法的联邦法的公告》(瑞士联邦院第 82072 号印刷品;1983 年《联邦公报》Ⅰ 第 263 页)第 46 及下页。然而,草案的拟订者最初的克制在立法过程中没有完全予以保持;见该法第 14 条第 2 款和冯·奥弗贝克:"关于国际私法的新瑞士联邦法"(Das neue schweizerische Bundesgesetz über das IPR),载于《国际私法与国际程序法实务》1988 年第 329—334 页(第 332 页)。

⑥ 《民法典施行法》第 4 条第 1 款第 1 句:反致为整体反致,"除非这违背反致的本意";由联邦议院法律委员会增补,参见《法律委员会报告》,联邦议院第 10/5632 号印刷品第 39 页(=皮龙《〈重新规定国际私法的法律〉生效后的国际私法和国际程序法:文本、材料及说明》第 119 页)。

⑥ 以前关于该条款的评论并没有赋予所增补的条款以任何特殊的意义,以改变以前的反致做法;参见帕兰特主编、黑尔德里希释义:《〈民法典〉(第 47 版)〈民法典施行法〉第 4 条评注 2b》[Palandt(-Heldrich), BGB47 (1988) Art. 4 EGBGB Anm. 2b];皮龙:《〈重新规定国际私法的法律〉生效后的国际私法和国际程序法:文本、材料及说明》,第 119 页。即使在后来出现的论文文献中,也倾向于在反致怀疑主义掌握它之前让附加条款"无害化":卡茨克(Kartzke);"反致及指引的本意"(Renvoi und Sinn der Verweisung),载于《国际私法与国际程序法实务》1988 年第 8—13 页;屈内:"从国际私法的发展论反致的适用范围"(Der Anwendungsbereich des Renvoi im Lichte der Entwicklung des IPR),载于《费里德祝寿文集》第 251—267 页;劳舍尔(Rauscher):"从指引的本意论实体规范的指引"(Sachnormverweisungen aus dem Sinn der Verweisung),载于《新法学周刊》1988 年第 2151—2154 页。

第五章 收 获

一、利益法学的特别关切

在前述的章节中,已经论证了现实主义利益法学的正当性和适宜性,并阐述了它在国际私法的一些核心问题和思维模式中的适用。应注意的是,此处所指的利益法学与菲利普·黑克和评价法学的后续学说所提出的观点并不完全相同。⑱ 他们认为,这一思路的首要任务是揭示受法律或法律制度整体背景约束的利益评价行为,并根据当事各方的具体利益情况对其进行更新,这本身显然没有问题,因而通常不需要特别地予以澄清。在国际私法领域,情况却恰恰相反。实体法中缺乏一种可以理解为"思想上服从"的立法评估,因为根据界定,纳入考虑范畴的有多种法规可供选择性适用,而且旨在终结这种模糊性的传统冲突规范评估的内容从一开始就较为单薄,由于它必然表述得更加抽象和全球化,因此针对具体情况往往需要由其本身进行补充。⑲

---

⑱ 这方面,参见注释 ⑥⑧ ⑩ ⑯。
⑲ 对此,进一步参见注释 ㉓—㉕、㉙—㉚。

另一方面,正是具体当事方的利益状况在这里有被忽视的危险,原因在于指引规范只是作出初步决定,从而它对具体当事方的实际利益的影响通常不那么明显。[460] 因此,与实体法中的利益法学不同,国际私法中的利益法学意味着首先应有意识地标明具体参与者的利益状况,并与立法者从总体上假定和评估的利益状况进行对比。

事实已经表明,根据以这种方式发展起来的利益法学,这里所讨论的任何假设、问题和思维模式都不能满足传统冲突法的要求;相反,如果认真对待并着眼于现实主义,利益法学与欧洲传统冲突法思维的整体风格是"截然不同"的。那么,在现实主义的利益法学还是传统的冲突法思维中,哪一方因这一发现而被冤枉了?

理论和方法应首先被理解为一种辅助手段,而不是一种准则;它们必须通过改进自身所能到达的方向和引导来维护自己地位。因此,在下文中应当强调,基于实际利益考量的思维模式能够为国际私法的实务、立法和学术研究带来哪些收获。

二、国际私法与司法实践

国际私法与私法的其他领域的区别在于,它在理论和

---

[460] 克格尔在"总结发言"[载于《洛桑学术研讨会论文集》(1984)第271—277页]第272页关于"国际私法所基于的利益的微妙性",和"对于当事人而言,(无论依照哪种法律体系)这种利益在多数情况下轻于特定结果方面的利益"的提法是非常中肯的。

实践之间所造成的迷惘显而易见。"国际私法"一方面不受欢迎甚至遭到嘲笑,另一方面又让人误解。在实践中,它的使用者经常听到有关其规则和思维模式的抽象性、复杂性、不可理解性和无关性的抱怨;[461]它的制定者和实施者(主要是学说)抱怨道:实践中,往往由于误解或无知,国际私法规定要么被滥用,要么干脆被束之高阁。[462] 在经济贸易实践中,人们尽可能通过适当的合同安排来避免诉诸国际私法,在诸如家庭法和继承法等非契约性财产法领域,司

---

[461] 德国实务界进行详细论述的,例如:奥托(Otto):"正在审议的德国和瑞士国际私法和国际程序法立法草案"(Der deutsche und der schweizerische Entwurf eines Gesetzes über das internationale Privat- und Prozeßrecht auf dem Prüfstand),载于《户政杂志》1984 年第 29—36 页(第 30 及下页);布赫霍尔茨(Buchholz):"论国际家庭事务中的司法裁决"(Zur richterlichen Rechtsfindung in internationalen Familiensachen),载于《豪斯祝寿文集》[FS Hauß(1978)]第 15—32 页。有关这一现象的其他证据和评论,参见荣格尔:"国际私法的一般讲义"第 262 及下页;西尔:"国际私法中的活泼与严肃"(Scherz und Ernst im IPR),载于《扎伊泰祝寿文集》[FS Zajtay(1982)]第 409—437 页(第 410 及下页)。

[462] 这方面,例如"关于在国际事务中改善德国民事司法"的专题报告(die Denkschrift „Zur Verbesserung der deutschen Zivilrechtsprechung in internationalen Sachen"),载于《拉贝尔杂志》第 35 卷(1971)第 323—331 页;费里德:"对在德国法律实务中如何摆脱处理涉外案件时的困境的一些思考"(Überlegungen, wie der Misere bei der Behandlung von Auslandsfällen in der deutschen Rechtspraxis abgeholfen werden kann),载于《奥斯卡·墨林祝寿文集》[FS Oskar Möhring (1973)]第 1 页["困境"(Misere)];费里德:《国际私法(第三版)》第 54 及下页;有所觉察的,参见诺伊豪斯/克罗弗勒(Neuhaus/Kropholler):"国际私法的苦楚"(Das Elend mit dem IPR),载于《家庭法大全杂志》1980 年第 753—754 页。

第五章 收　获

法实践往往轻而易举地忽视国际私法问题。[63] 私法中可能没有任何其他领域会声称自己具有实际相关性,一方面,实践中人们通过其行为和观点如此频繁和大量地否认其效用;另一方面,学说又必须这样频繁、急切地警示有过错的人要遵守。

如果利益法学能让实务界确信,国际私法服务于国际性所产生的真实的、具体的人类利益(国家的和私人的),那么它便能从这种"国际私法的苦楚"[64]中破茧而出。如果从业者知道这不会让他因此陷入纯粹智力上的或者完全虚构的难题(例如,本应在其法院地发生的法律制度之间的管辖冲突;或者,为各种案件情势寻找"它们的"法律制度),而是与在实体法中的做法完全相同,即针对人类和人类组织的真实的(当前的或者预期的)利益冲突,给出真正需要的决断或建议,[65]那么他就不会忽略所提出的国际私法问题及解决方案。

---

[63] 例如布赫霍尔茨的提示;奥托:"正在审议的德国和瑞士国际私法和国际程序法立法草案"一文第 30 及下页;荣格尔:"国际私法的一般讲义",第 262 及下页;诺伊豪斯/克罗弗勒:"国际私法的苦楚";施维曼在"计划中的重新编纂国际私法是关于什么的?"(Worum geht es bei der geplanten Neukodifikation des IPR),载于《法学教育》1984 年第 14—18 页(第 14 页)称之为"不受欢迎的法律领域";施维曼在"国际家庭法的当今改革状态"(Zum aktuellen Reformstand im internationalen Familienrecht),载于《户政杂志》1983 年第 57—65 页(第 65 页)写道:"对实务的……威慑效应。"其他证据,参见施洛斯豪尔-泽尔巴赫(Schlosshauer-Selbach):《国际私法》(1989)[IPR (1989)],参考文献第Ⅺ页,第 1 及下页。

[64] 非常贴切的,还有诺伊豪斯/克罗弗勒(同注释[62])。

[65] 对于将国际私法视为私法的必要性,并因此"使其与各方当事人的需求和值得保护的和交往期望保持一致",冯·巴尔的《国际私法:第一卷》第 435—437 也作了详细阐述,但并未得出本处所述结论。

三、国际私法为谁服务？

143　　调和理论与实践之间的关系，并非国际私法所必需的和现实主义利益法学所能实现的唯一目标。更重要的是明白国际私法应首先满足的法律需求。

理论学说通常将冲突法想象为法律人处理国际案件的一种工具。[466] 从现实来看，人们必须承认，这种处理方式确实需要法律人的介入，因为就这种需要所代表的普通公众的利益以及那些在法律适用的有序运行中寻求正义的主体的利益而言，这也是正当的。法律人绝大部分仍在具体的（"他们的"）法律体系下接受培训和工作，而这些法律体系又与特定的语言、文化和国家属性息息相关。然而，国际案件的特殊性在于，法律人不再可以想当然地认为应适用本国的法律体系。在因此而产生不确定性（任何非国际私法领域的专家都可以证实[467]）时，需要对相关法规供过于求的

---

[466]　例如，菲尔兴在《国际私法》第一版前言中写道："作为德国法学家，我如何处理实际的国际私法案件？"冯·巴尔的《国际私法：第一卷》第1页写道："任何人被要求或挽留对提交给他的案件依法进行裁判时，必须首先考虑他打算在裁判时所援用的法律规定。没有这一基本程序，就没有司法上的案件审理。"显然，德国政府的立法草案（联邦议院第10/504号印刷品）也朝着这个方向发展，其论证说明第21页："该草案旨在为法律适用实务提供一套适时的规范，以处理具有涉外因素的私法案件。"

[467]　这方面，例如有奥托的"正在审议的德国和瑞士国际私法和国际程序法立法草案"以及布赫霍尔茨的论述。特别是美国著名法官本杰明·卡多佐（Benjamin Cardozo）的精彩论述，并被莫里斯的《冲突法（第三版）》第9页所引用："……普通法官在遇到法律冲突的问题时，会感到几乎完全迷失，且会像溺水者一样，抓住一根稻草。"

第五章 收获

现象建立一种可设想的秩序，并制定规则来证明最终适用某种应予考虑的外国法律或者最终适用本国法律的合理性。

如果人们将案件的国际性视为一个法律问题，那么国际私法的目的便是恢复法律人最初由于涉外因素的内部化处理而丧失的专业行为能力。因此，国际私法指的是相互冲突、被援引或者被排除适用、彼此耦合、相互适应、相互"协调"或相互分离的法律制度，以及与某一法律制度有"联系"而又"从属于""服从于""隶属于"或者由这种法律制度"所覆盖"的案件情势。法律人习惯于并经常被要求将法律视为一种体系（普通法世界的法律人也是如此），他们认为，鉴于许多法律制度彼此共存而又相互歧异，他们需要在某种程度上理顺自己的职业想象空间；当法律制度和案件情势在基于指引法所建立的体系中各司其职、相互匹配时，这个目标就实现了。

随着人们对恢复法律职业行为能力的需求不断上升，也应能解释为何在国际私法教科书中，指引规范的结构、与实体法的逻辑联系、关于适用外国法律在司法上的"可能性"、冲突法体系内各种规范之间的联系（识别、先决问题），以及和其他国际相关规范复合体（国际法、统一法、公法、程序法）[68]在体系上的联系的各种阐释，在传统上占有如此重

---

[68] 在最新的德国文献中，冯·巴尔的《国际私法：第一卷》阐述得特别详细，但保持着悠久的传统。西尔的"国际私法中的活泼与严肃"第419页却讽刺了"冲突法的等级精神病"。然而，这种疾病即使在明确的（自我）诊断后，似乎也很难治愈；参见凯勒/西尔：《国际私法的一般理论》，在这部总共634页正文的书中有将近三分之一的篇幅用于探讨此类问题。

要的比重。所有这些都是法律人的话题,他们从本国的法律体系中看出了一种不确定性,因而在因处理多种法律制度而感到不习惯和棘手时,需要更好地引入为此目的而研发的专门机制。值得注意的是,在有关实体法的教科书中,不会用如此多的篇幅对概念和结构进行阐释。

在国际私法的学说、立法和实践中,对法律专业关切的重视程度虽然可以通过题材的特性来阐释,但需要强有力的抗辩理由。每一种社会机构都必须为自身之外的各种需求服务,国际私法也是如此。这一功能受到损害的程度,与该机构工作人员——无论多么专业和无私——本身的关切一样,都会凸显出来。在国际私法领域,这个必要的抗辩理由正是一以贯之的现实主义利益法学。不容否认的事实是:法律的专业需求也在冲突规范的制定和适用中发挥着作用。在国际案件中,人们希望法律人能够找到作出决定的法律依据并且证明其决定是合法的。然而,本书所阐述的利益法学能够防止冲突法出现脱离它实际上本应服务的各种利益和利害关系方,以及似乎只能"自我参照地"满足处理国际案件的法院的保全和正当需要的现象。

脱离当事各方利益的风险在一定程度上已经是传统指引法本身固有的问题。例如,人们在这里认为与法律制度的援引、驳回和协调有关的想法,即由哪种法律制度"调整案件"[469]的问题,另一方面冲突规范只对应适用的法律问题

---

[469] 例如,代表性的有克格尔的"总结发言",载于《洛桑学术研讨会论文集》第272页;吕德里茨:《国际私法》第4页("掌控")。

第五章 收　获

作出初步裁决而不是对案件本身进行实质性裁决这一事实，助长了这样一种感觉：有关当事各方的利益在这一高级层面和初步阶段仍无任何立足之地，不论人们如何决定，这些利益尚未得到实质性考虑。⑪ 这也可能得益于以下事实：所适用的法律通常是根据高度抽象的标准（例如国籍、住所地、特征性履行、行为地）来确定的，而这些标准通常只体现案件情势的其中一个要素，这对于双方当事人在该事项本身的利益冲突（例如离婚、合同履行、事故责任）来说并不是很重要。

无论如何，冲突法的自以为是的危险在德国学说中已经成为现实。大多数教科书将国际私法描述为一个解决（寻找准据法的）⑪法律适用问题的答案，或者强调它必须为（公众和个人的）某些利益服务；然而，就法律关系的参与者而言，除了合同法之外，这通常只被认为是立法和学术研究推测的利益，而不是具体存在的和实际表达的（法律）适用利益。⑫ 此外，普遍认为，即使当事方自己声明他们与冲突规范的适用无关，但冲突规范仍然应该依职权

---

⑩　参见克格尔在《洛桑学术研讨会论文集》第 272 页的评论，该评论逐字地转载于前面注释⑩中。诺伊豪斯、克罗弗勒在"国际私法的苦楚"一文第 753 页的论断也很有启发性：虽然国际私法确实很"苦楚"，因为实践并不遵循它抑或错误地对待它，但"违法判决，尤其是下级法院的违法判决，在实践中往往是或者甚至绝大部分是可以容忍的"。

⑪　例如，参见菲尔兴：《国际私法》"第一版前言"；冯·巴尔：《国际私法：第一卷》第 1 及下页。

⑫　克格尔：《国际私法》第 82 及以下诸页；诺伊豪斯：《国际私法的基本概念（第二版）》第 110 及下页、第 166 及下页；吕德里茨：《国际私法》第 48 页；吕德里茨："当事人利益中的连结因素"第 40 页；对它的批评，参见前文注释⑰。有一个例外——至少在趋势上——是拉佩、施图尔姆的《国际私法：第一卷（第六版）》第 10 页和其他地方。

予以适用。⑬ 特别是在家庭法事项上,一旦提出了法律适用的问题,这些要素的结合就会启动一个由主管当局、法院和专家意见组成的自我运行的系统,即使当事人想让这种系统停下来,却也无法再停止。德国国际私法的大量实践多次警示过这一点,但迄今为止一直没有成功。⑭

我们必须不时地回想到,国际私法必须是"人本的",⑮其规则应被视为具有服务功能,⑯这正是本书所要表达的观点。然而,当今实体私法的哪个领域还需要这种告诫?

注重现实主义的利益法学,可防范将国际私法关系的参与者变为国际私法营运对象的风险。它让人们意识到国际私法的服务功能,并重新将最复杂的冲突法思维与存在于法律人关切领域之外的实际需要关联起来。最重要的是,它确保了国际私法与私法的思维方式没有什么不同。在国际案件中,必须在多种私法之间作出选择这一事实,并未让私法中普遍接受的合理性标准丧失其价值。

---

⑬ 最近又重新予以支持的有克格尔:《国际私法》第 313 及下页;冯·巴尔:《国际私法:第一卷》第 472 及下页;吕德里茨:《国际私法》第 89 页。相反意见("任意性的冲突法")在前文注释⑲及以下诸页中有所阐述,并进行了额外证明。

⑭ 西米蒂斯:"论国际私法中的裁决"一文第 6 及以下诸页;普菲斯特(Pfister):"对外国私法和国际私法专家意见的评论"(Besprechung von Gutachten zum ausländischen und internationalen Privatrecht),载于《户政杂志》1983 年第 331—332 页。纯粹的任意性冲突法的首要目标,是不让当事人听任国际私法实务的摆布。对此,参加前文注释⑳及以下诸页。

⑮ 拉佩/施图尔姆:《国际私法:第一卷(第六版)》第 10 页。

⑯ 诺伊豪斯:"告别萨维尼?"第 19 及下页(指的是萨维尼),但对于具体的相关方面而言,却没有接受这一点。

参考文献

Adam, Wolfgang, Internationaler Versorgungsausgleich(Tübingen 1985)
Allott, Antony, *The Limits of Law* (London 1980)
Ansay/Martiny, Die Gastarbeiterfamilie im Recht, in: Gastarbeiter in Gesellschaft und Recht, hrsg. von Ansay/Gessner (München 1974) 171-207
von Bar, Christian, Internationales Privatrecht, I : Allgemeine Lehren (München 1987)
—Das Internationale Eherecht auf dem Prüfstand der Verfassung: NJW 1983, 1929-1936
Basedow, Das forum conveniens der Reeder im EuGVÜ: IPRax 1985, 133-137
—Die Neuregelung des Internationalen Privat- und Prozeßrechts: NJW 1986, 2971-2979
—Wirtschaftskollisionsrecht, Theoretischer Versuch über die ordnungspolitischen Normen des Forumstaates: RabelsZ 52(1988)8-40
Basedow/Diehl-Leistner, Das Staatsangehörigkeitsprinzip im Einwanderungsland—Zu den soziologischen und ausländerpolitischen Grundlagen der Nationalitätsanknüpfung im IPR: Referat auf dem Symposium über „Staat und Nation im internationalen Privatrecht" an der Universität Heidelberg, November 1988 (zur Veröffentlichung vorgesehen)
Batiffol, Les conflits de lois en matière de contrats (Paris 1938)
—Aspects philosophiques du droit international privé (Paris 1956)
Batiffol/Lagarde, Droit international privé^7 I (Paris 1981), II (Paris

1983)

Baum, Alternativanknüpfungen—Begriff, Funktion, Kritik (Tübingen 1985)

Baxter, Choice of Law and the Federal System: *Stan. L. Rev.* 16(1963) 1-42

Behn, Die Entstehungsgeschichte der einseitigen Kollisionsnormen des EGBGB unter besonderer Berücksichtigung der Haltung des badischen Redaktors Albert Gebhard und ihre Behandlung durch die Rechtsprechung in rechtsvergleichender Sicht(Frankfurt 1980)

Behrens, Voraussetzungen und Grenzen der Rechtsfortbildung durch Rechtsvereinheitlichung: RabelsZ 50(1986)19-34

Beitzke, Sukzessive Demontage familienrechtlichen Kollisionsrechts: IPRax 1985, 268-272

Bergner, Anrechte aus der österreichischen Pensionsversicherung im deutschen Versorgungsausgleich, in: Der Versorgungsausgleich im internationalen Vergleich und in der zwischenstaatlichen Praxis, hrsg. von Zacher(Berlin 1985)481-515

Bolka, Zum Parteieneinfluß auf die richterliche Anwendung des IPR: ZRvgl. 1972, 241-256

Brilmayer, Interest Analysis and the Myth of Legislative Intent: *Mich. L. Rev.* 78(1980)392-431

Bucher, Andreas, Grundfragen der Anknüpfungsgerechtigkeit im internationalen Privatrecht(Basel, Stuttgart 1975)

Bucher, Eugen, Das subjektive Recht als Normsetzungsbefugnis (Tübingen 1965)

—Für mehr Aktionendenken: AcP 186(1986)1-73

Buchholz, Zur richterlichen Rechtsfindung in internationalen Familiensachen, in: Festschrift für Fritz Hauß, hrsg. von v. Caemmerer/Fischer/Nüssgens/R. Schmidt(Karlsruhe 1978)15-32

Bydlinski, Juristische Methodenlehre und Rechtsbegriff (Wien, New York 1982)

Cavers, *The Choice-of-Law Process* (Ann Arbor 1965)

Cramton/Currie/Kay, *Conflict of Laws—Cases, Comments, Questions*[3] (St. Paul, Minn. 1981)

Currie, *Selected Essays on the Conflict of Laws* (Durham, N. C. 1963)

Dicey/Morris, The Conflict of Laws I[11], hrsg. von Collins (London 1987)

Dilger, Das Vaterschaftsanerkenntnis des islamischen Rechts in der neueren Rechtsprechung des BGH: StAZ 1978, 235-239

Dölle, Internationales Privatrecht[2] (Karlsruhe 1972)

—Die Rechtswahl im Internationalen Erbrecht: RabelsZ 30 (1966) 205-240

Dornberger/Kleine/Klinger/Posch, Das Zivilrecht der Deutschen Demokratischen Republik, Allgemeiner Teil (Berlin 1954)

Drobnig, Entwicklungstendenzen des deutschen internationalen Sachenrechts, in: Internationales Privatrecht und Rechtsvergleichung im Ausgang des 20. Jahrhunderts—Bewahrung oder Wende?, Festschrift für Gerhard Kegel, hrsg. von Lüderitz/Schröder (Frankfurt 1977) 141-151

—Die Beachtung von ausländischen Eingriffsgesetzen—eine Interessenanalyse, in: Festschrift für Karl H. Neumayer zum 65. Geburtstag, hrsg. von Barfuss/Dutoit/Forkel/Immenga/Majoros (Baden-Baden 1985) 159-179

—Das Profil des Wirtschaftskollisionsrechts, Einführende Bemerkungen zum Symposium „Extraterritoriale Anwendung von Wirtschaftsrecht", Hamburg 1986: RabelsZ 52 (1988) 1-7

Ellscheid, Einleitung zu: Interessenjurisprudenz, hrsg. von Ellscheid/Hassemer (Darmstadt 1974) 1-13

Erauw, De bron van het vreemde recht vloeit overvloedig (Gent 1983)

Ferid, Internationales Privatrecht—Das neue Recht, Ein Leitfaden für Studium und Praxis[3] (Frankfurt 1986)

—Überlegungen, wie der Misere bei der Behandlung von Auslandsfällen in der deutschen Rechtspraxis abgeholfen werden kann, in: Festschrift für Oskar Mohring zum 70. Geburtstag, hrsg. von Beisswingert u. a. (München 1973) 1-25

—Auslandsrechtsfälle in der deutschen Rechtspraxis, in: Gastarbeiter in Gesellschaft und Recht, hrsg. von Ansay/Gessner (München 1974) 144-158

Firsching, Einführung in das internationale Privatrecht³ (München 1987)

—Der gegenwärtige Stand des IPR(einschließlich des internationalen Verfahrensrechts) unter Berücksichtigung neuerer bedeutsamer Literatur:IPRax 1985,125-131

Fischer,Gerfried,Die Gleichberechtigung im IPR:JZ 1974,661-665

—Diskussionsbeitrag in:Lausanner Kolloquium über den deutschen und den schweizerischen Gesetzentwurf zur Neuregelung des Internationalen Privatrechts(Zürich 1984)55

Flessner,Fakultatives Kollisionsrecht:RabelsZ 34(1970)547-584

Die geheimen Materialien zur Kodifikation des deutschen Internationalen Privatrechts 1881-1896, bearb. von Hartwieg/Korkisch (Tübingen 1973)

Geimer,Internationales Zivilprozeßrecht(Köln 1987)

Göppinger,Scheidungs(folgen)statut und Versorgungsausgleich:FamRZ 1983,777

Goerke,Bemerkungen zum Methodenstreit im Internationalen Privatrecht: NJW 1975,1587-1589

Goldschmidt,Werner,Die philosophischen Grundlagen des Internationalen Privatrechts,in:Festschrift für Martin Wolff,Beiträge zum Zivilrecht und internationalen Privatrecht,hrsg. von v. Caemmerer/Hallstein/Mann/Raiser(Tübingen 1952)203-223

Gothot,Le renouveau de la tendance unilatéraliste en droit international privé:Rev. crit. d. i. p. 1971,1-61

Grossfeld, Zivilrecht als Gestaltungsaufgabe (Heidelberg, Karlsruhe 1977)

—Internationales Unternehmensrecht—Das Organisationsrecht transnationaler Unternehmen(Heidelberg 1986)

Gutzwiller,Peter Max,Von Ziel und Methode des IPR:Schw. Jb. Int. R. 25(1968)161-196

Hanotiau, The American Conflicts Revolution and European Tort Choice-of- Law Thinking:*Am. J. Comp. L.* 30(1982)73-98

Heck,Begriffsbildung und Interessenjurisprudenz(Tübingen 1932)

—Das Problem der Rechtsgewinnung^2(Tübingen 1932)

—Gesetzesauslegung und Interessenjurisprudenz:AcP 112(1914)1-318

Heldrich,Internationale Zuständigkeit und anwendbares Recht(Berlin 1969)

—Heimwärtsstreben auf neuen Wegen, in: Konflikt und Ordnung, Festschrift für Murad Ferid zum 70. Geburtstag,hrsg. von Heldrich/Henrich/Sonnenberger(München 1978)209-220

—Persönlichkeitsverletzungen im internationalen Privatrecht, in: Vorschläge und Gutachten zur Reform des deutschen internationalen Privatrechts der außerverträglichen Schuldverhältnisse(siehe dort) 361-379

—Reform des internationalen Familienrechts durch Richterspruch—Neue Anknüpfungsregeln für das Scheidungs-,Ehegüter- und Kindschaftsstatut:FamRZ 1983,1079-1089

Heller,Realität und Interesse im amerikanischen internationalen Privatrecht(Wien 1983)

Henrich,Die Bedeutung der Grundrechte bei der Anwendung fremden Rechts:RabelsZ 36(1972)2-18

—Verfassungswidrige Kollisionsnormen—ein Rechtschaos?:RabelsZ 38(1974)490-506

Hill,Einführung in die Gesetzgebungslehre(Heidelberg 1982)

Hohloch,Das Deliktsstatut—Grundlagen und Grundlinien des internationalen Deliktsrechts(Frankfurt 1984)

—Erste Erfahrungen mit der Neuregelung des Internationalen Privatrechts in der Bundesrepublik Deutschland:JuS 1989,81-90

Interessenjurisprudenz,hrsg. vonEllscheid/Hassemer(Darmstadt 1974)

Jayme,Grundrecht der Eheschließungsfreiheit und Wiederheirat geschiedener Ausländer:RabelsZ 36(1972)19-26

—Zur Krise des „Governmental Interest Approach", in: Internationales Privatrecht und Rechtsvergleichung im Ausgang des 20. Jahrhunderts—Bewahrung oder Wende?,Festschrift für Gerhard Kegel, hrsg. von Lüderitz/Schröder(Frankfurt 1977)359-366

—Zur Neubestimmung des Scheidungsstatuts für gemischtnationale Ausländerehen;IPRax 1983,221-223

—Internationales Familienrecht heute,in: Festschrift für Wolfram Müller-Freienfels,hrsg. von Dieckmann/Frank/Hanisch/Simitis(Baden-Baden 1986)341-375

Jessurun d'Oliveira,De sluipweg van de partijwil,in;Partij-invloed in het internationaal privaatrecht,hrsg. vom Centrum voor buitenlands recht en internationaal privaatrecht, Universiteit van Amsterdam (Deventer 1974)5-21

Joerges,Zum Funktionswandel des Kollisionsrechts—Die „Governmental Interest Analysis" und die „Krise des Internationalen Privatrechts" (Berlin,Tübingen 1971)

—Die klassische Konzeption des Internationalen Privatrechts und das Recht des unlauteren Wettbewerbs;RabelsZ 36(1972)421-491

—Besprechung von Egon Lorenz, Zur Struktur des internationalen Privatrechts(1977);AcP 178(1978)572-578

Juenger,Zum Wandel des Internationalen Privatrechts(Karlsruhe 1974)

—General Course on Private International Law; Rec. des Cours 193 (1985-Ⅳ)119-388

—The German Constitutional Court and the Conflict of Laws;*Am J. Comp. L.* 20(1972)290-298

—Möglichkeiten einer Neuorientierung des internationalen Privatrechts; NJW 1973,1521-1526

—Der Kampf ums Forum—Forum Shopping;RabelsZ 46(1982)708-716

—American and European Conflicts Law;*Am. J. Comp. L.* 30(1982) 117-133

—Conflict of Laws—A Critique of Interest Analysis;*Am. J. Comp. L.* 32(1984)1-50

—Forum Shopping,Domestic and International;*Tul. L. Rev.* 63(1989) 553-574

Kahn-Freund,General Problems of Private International Law,in;Rec. des Cours(1974-Ⅲ)137-474

Kartzke, Renvoi und Sinn der Verweisung: IPRax 1988, 8-13

Kay, The Use of Comparative Impairment to Resolve True Conflicts—An Evaluation of the California Experience: *Calif. L. Rev.* 68 (1980) 577-617

Kegel, Internationales Privatrecht⁶ (München 1987)

—Internationales Privatrecht⁵ (München 1985)

—Fundamental Approaches, in: *International Encyclopedia of Comparative Law* Ⅲ (Private International Law) ch. 3 (Tübingen, Dordrecht, Boston, Lancaster 1986)

—Begriffs- und Interessenjurisprudenz im internationalen Privatrecht, in: Festschrift Hans Lewald, bei Vollendung des vierzigsten Amtsjahres als ordentlicher Professor im Oktober 1953, überreicht von seinen Freunden und Kollegen der Baseler juristischen Fakultät, hrsg. von Gerwig/Simonius/Spiro/Süss/Wolff (Basel 1953) 259-288

—Reform des deutschen internationalen Eherechts: RabelsZ 25 (1960) 201-221

—The Crisis of Conflict of Laws: Rec, des Cours 112 (1964-Ⅱ) 91-268

—Embarras de richesse: RabelsZ 36 (1972) 27-34

—Besprechung von: Die geheimen Materialien (1973): RabelsZ 39 (1975) 130-138

—Vaterhaus und Traumhaus—Herkömmliches internationales Privatrecht und Hauptthesen der amerikanischen Reformer, in: Festschrift für Günther Beitzke zum 70. Geburtstag am 26. April 1979, hrsg. von Sandrock (Berlin, New York 1979) 551-573

—Zusammenfassung (Referat), in: Lausanner Kolloquium über den deutschen und den schweizerischen Gesetzentwurf zur Neuregelung des Internationalen Privatrechts (Zürich 1984) 271-277

—Zum heutigen Stand des internationalen Privatrechts—Theorie und Rechtspolitik, in: Internationales Privatrecht, Internationales Wirtschaftsrecht, hrsg. von Holl/Klinke (Köln 1985) 1-24

Kegel/Lüderitz, Hindernis des Bandes für Ausländer trotz Scheidung in Deutschland?: FamRZ 1964, 57-60

Keller/Siehr, Allgemeine Lehren des internationalen Privatrechts
(Zürich 1986)Kneip,Die Ehescheidung im neuen spanischen Recht:
FamRZ 1982,445-450

Kodifikation des deutschen Internationalen Privatrechts—Stellungnahme des Max-Planck-Instituts für ausländisches und internationales Privatrecht zum Regierungsentwurf von 1983: RabelsZ 47
(1983)595-690

König,René, Anomie, in: Wörterbuch der Soziologie^2, hrsg. von W.
Bernsdorf(Stuttgart 1969)27f.

Korn,The Choice-of-Law Revolution, A Critique: *Colum. L. Rev.* 83
(1983)772-973

Kötz,Allgemeine Rechtsgrundsätze als Ersatzrecht: RabelsZ 34(1970)
663-678

—Rechtsvereinheitlichung—Nutzen, Kosten, Methoden, Ziele: RabelsZ
50(1986)1517

Kreuzer, Ausländisches Wirtschaftsrecht vor deutschen Gerichten—Zum
Einfluß fremdstaatlicher Eingriffsnormen auf private Rechtsgeschäfte
(Heidelberg 1986)

—Wettbewerbsverstöße und Beeinträchtigung geschäftlicher Interessen
(einschl. Verletzung kartellrechtlicher Schutzvorschriften), in: Vorschläge
und Gutachten zur Reform des deutschen internationalen Privatrechts
der außervertraglichen Schuldverhältnisse(siehe dort)232-297

—Berichtigungsklauseln im Internationalen Privatrecht, in: Festschrift
für Imre Zajtay,hrsg. von Graveson/Kreuzer/Tunc/Zweigert(Tübingen
1982)295-331

—Einheitsrecht als Ersatzrecht—Zur Frage der Nichtermittelbarkeit
fremden Rechts: NJW1983,1943-1948

Kropholler,Internationales Einheitsrecht—Allgemeine Lehren(Tübingen
1975)

—Gleichberechtigung durch Richterrecht(Bielefeld 1975)

—Internationale Zuständigkeit, in: Handbuch des Internationalen Zivilverfahrensrechts I(Tübingen 1982)197-533

—Vom Staatsangehörigkeits- zum Aufenthaltsprinzip:JZ 1972,16-17

—Das Unbehagen am forum shopping,in:Festschrift für Karl Firsching zum 70. Geburtstag,hrsg. von Henrich/von Hoffmann(München 1985)165-173

Kühne,Die Parteiautonomie im internationalen Erbrecht(Bielefeld 1973)

—IPR-Gesetzentwurf-Entwurf eines Gesetzes zur Reform des internationalen Privat- und Verfahrensrechts(Heidelberg,Karlsruhe 1980)

—Internationales Privatrecht im Ausgang des 20. Jahrhunderts:RabelsZ 43(1979)290-314

—Welche rechtlichen Vorkehrungen empfehlen sich,um die Rechtsstellung von Ausländern in der Bundesrepublik Deutschland angemessen zu gestalten? (Teilgutachten Internationales Ehe- und Kindschaftsrecht), Gutachten C für den 53. Deutschen Juristentag,in: Verhandlungen des 53. Deutschen Juristentages,hrsg. von der Ständigen Deputation des Deutschen Juristentages, I (Gutachten)(München 1980)S. C1-C94

—Die außerschuldvertägliche Parteiautonomie im neuen Internationalen Privatrecht:IPRax 1987,69-74

—Der Anwendungsbereich des Renvoi im Lichte der Entwicklung des IPR,in:Festschrift für Murad Ferid zum 80. Geburtstag,hrsg. von Heldrich/Sonnenberger(Frankfurt 1988)251-267

Lagarde,Le principe de proximité dans le droit international privé contemporain,in:Rec. des Cours 196(1986-I)9-238

Lalive,Tendances et méthodes en droit international privé (Cours général):Rec. des Cours 155(1977-11)1-424

Lando,Contracts, in: *International Encyclopedia of Comparative Law* III (Private International Law)ch. 24(Tübingen,The Hague, Paris 1976)

—New American Choice-of-Law Principles and the European Conflict of Laws of Contracts:Am J. Comp. L. 30(1982)21-35

Larenz,Methodenlehre der Rechtswissenschaft[5] (Berlin 1983)

Leflar,*American Conflicts Law* (Indianapolis,Kansas City,New York

1968)

Leflar/McDougal/Felix, *American Conflicts Law*⁴ (Charlottesville 1986)

Lewald, Hans, La théorie du renvoi, in: Rec. des Cours 29(1929 Ⅳ) 515-616

—Règles générales des conflits de lois, in: Rec. des Cours 69(1939 Ⅲ) 1-147

Lipstein, Principles of the Conflict of Laws—National and International (The Hague, Boston, London 1981)=geringfügig ergänzte Sonderausgabe von: Rec. des Cours 135(1972-1)97-230

Lorenz, Egon, Zur Struktur des Internationalen Privatrechts, ein Beitrag zur Reformdiskussion(Berlin 1977)

—Die Reform des deutschen IPR—Bemerkungen zu ihren Grundlagen: ZRP 1982, 148-156

—Zum neuen internationalen Vertragsrecht aus versicherungsverträglicher Sicht, in: Festschrift für Gerhard Kegel zum 75. Geburtstag (26. Juni 1987), hrsg. von Musielak/Schurig (Stuttgart, Berlin, Köln, Mainz 1987)303-341

Lorenz, Werner, Die allgemeine Grundregel betreffend das auf die außervertragliche Schadenshaftung anzuwendende Recht, in: Vorschläge und Gutachten zur Reform des deutschen internationalen Privatrechts der außervertraglichen Schuldverhältnisse(siehe dort)97-159

Loussouarn/Bourel, Droit international privé(Paris 1978)

Lowe, Extraterritorial Jurisdiction, The British Practice: RabelsZ 52 (1988)157-204

Lowenfeld, Renvoi Among the Law Professors—An American's View of the European View of American Conflict of Laws: *Am. J. Comp. L.* 30(1982)99-115

Lüderitz, Internationales Privatrecht(Frankfurt 1987)

—Erneut: Gleichberechtigung im internationalen Eherecht: FamRZ 1970, 169-177

—Grundgesetz contra Internationales Privatrecht? Vorschläge zur

Bestimmung des Geltungsbereichs von Grundrechten:RabelsZ 36
(1972)35-53
—Anknüpfung im Parteiinteresse,in:Internationales Privatrecht und
Rechtsvergleichung im Ausgang des 20. Jahrhunderts—Bewahrung
oder Wende?,Festschrift für Gerhard Kegel,hrsg. von Lüderitz/
Schröder(Frankfurt 1977)31-54
—Gerhard Kegel und das deutsche internationale Privatrecht:RabelsZ
46(1982)475-489
—Anmerkung zu BGH 8. 6. 1983:JZ 1984,141f.
—Internationales Privatrecht im Übergang—Theoretische und praktische
Aspekte der deutschen Reform,in:Festschrift für Gerhard Kegel
zum 75. Geburtstag(26. Juni 1987),hrsg. von Musielak/Schurig
(Stuttgart,Berlin,Köln,Mainz 1987)343-363
Luhmann,Rechtssoziologie² (Opladen 1983)
Marhold,Die Problematik des Versorgungsausgleichs im österreichischen
Familien-,Sozial- und Kollisionsrecht,in:Der Versorgungsausgleich
im internationalen Vergleich und in der zwischenstaatlichen Praxis,
hrsg. von Zacher(Berlin 1985)459-479
Martin,*Perspectives on Conflict of Laws*:*Choice of Law*(Boston,
Toronto 1980)
—An Approach to the Choice of Law Problem:*Mercer L. Rev.* 35(1984)
583-593
Martiny,Anerkennung ausländischer Entscheidungen nach autonomem
Recht,in:Handbuch des Internationalen Zivilverfahrensrechts Ⅲ 1
(Tübingen 1984)
Mayer,Droit international privé² (Paris 1983)
von Mehren,The Significance of the State for Choice of Law,in:
Festschrift für Konrad Zweigert zum 70. Geburtstag,hrsg. von
Bernston/Drobnig/Kötz(Tübingen 1981)287-306
Mestmäcker,Staatliche Souveränität und offene Märkte,Konflikte bei
der extraterritorialen Anwendung von Wirtschaftsrecht:RabelsZ 52
(1988)205-255

Mincke, Die Parteiautonomie: Rechtswahl oder Ortswahl?: IPRax 1985, 313-317

Morris, The Conflict of Laws³ (London 1984)

Mühl, Margarete, Die Lehre vom „besseren" und „günstigeren" Recht im Internationalen Privatrecht (München 1982)

Müller, Klaus, Zum Problem der Gesamtverweisung, in: Rechtsvergleichung und Rechtsvereinheitlichung, Festschrift zum fünfzigjahrigen Bestehen des Instituts für ausländisches und internationales Privat- und Wirtschaftsrecht der Universität Heidelberg, hrsg. von Wahl/Serick/Niederländer (Heidelberg 1967) 191-212

—Deutsches Scheidungsurteil als prozessuale Vorfrage und fremder ordre public: RabelsZ 36(1972) 60-72

—Zur Nichtfeststellbarkeit des kollisionsrechtlich berufenen ausländischen Rechts: NJW 1981, 481-486

—Erbrechtliche Konsequenzen der Adoption im Internationalen Erbrecht: NJW 1985, 2056-2061

Müller-Erzbach, Rechtsfindung auf realer Grundlage: DJZ 11 (1906) 1235-1238

Müller-Freienfels, „Spanierheiraten" Geschiedener im Meinungsstreit, in: Internationales Privatrecht und Rechtsvergleichung im Ausgang des 20. Jahrhunderts—Bewahrung oder Wende?, Festschrift für Gerhard Kegel, hrsg. von Lüderitz/Schröder (Frankfurt 1977) 55-98

Müller-Graff, Fakultatives Kollisionsrecht im internationalen Wettbewerbsrecht?: RabelsZ 48(1984) 289-318

Münchener Kommentar zum Bürgerlichen Gesetzbuch, hrsg. von Rebmann/Säkker, Band 7: Einführungsgesetz zum Bürgerlichen Gesetzbuche, Internationales Privatrecht, red. von Sonnenberger (München 1983)

—Ergänzungsband (München 1981ff.)

Mummenhoff, Ausnahmen von der lex fori im internationalen Privatrecht: NJW 1975, 476-481

Neuhaus, Die Grundbegriffe des Internationalen Privatrechts² (Tübingen 1976)

—Neue Wege im europäischen internationalen Privatrecht:RabelsZ 35
(1971)401-428

—Bundesverfassungsgericht und Internationales Privatrecht,Versuch einer Bilanz:RabelsZ 36(1972)127-140

—Abschied von Savigny?:RabelsZ 46(1982)4-25

Neuhaus/Kropholler,Das Elend mit dem IPR:FamRZ 1980,753-754

Neumayer,Zur Zivilehe eines Spaniers mit einer geschiedenen Deutschen:RabelsZ 36(1972)73-92

Noll,Gesetzgebungslehre(Reinbek 1973)

Nolte-Schwarting,Der Versorgungsausgleich in Fällen mit Auslandsberührung(Berlin 1984)

Nussbaum,Deutsches internationales Privatrecht(Tübingen 1932)

Otto,Anmerkung zu BGH 8. 12. 1982:NJW 1983,1262-1263

—Der deutsche und der schweizerische Entwurf eines Gesetzes über das internationale Privat- und Prozeßrecht auf dem Prüfstand:StAZ 1984,29-36

von Overbeck,Les questions générales du droit international privé a la lumière des codifications et presets récentes(Cours général)in:Rec. des Cours 176(1982-III)9-258

—Renvoi in the Institute of International Law:Am. J. Comp. L. 12 (1963)544-548

—La théorie des „règles de conflit facultatives" et l'autonomie de la volonté. in:Festschrift für Frank Vischer zum 60. Geburtstag,hrsg. von Böckli/Eichenberger/Hinderling/Tschudi (Zürich 1983) 257-262

—Das neue schweizerische Bundesgesetz über das Internationale Privatrecht:IPRax 1988,329-334

Palandt,Bürgerliches Gesetzbuch,47. Aufl. ,bearb. von Bassenge u. a. (München 1988),45. Aufl. (München 1986),41. Aufl. (München 1982)

Pfister,Besprechung von:Gutachten zum internationalen und ausländischen Privatrecht(1973ff.):StAZ 1983,331-332

Pirrung, Internationales Privat- und Verfahrensrecht nach dem Inkrafttreten der Neuregelung des IPR—Texte, Materialien, Hinweise(Köln 1987)

Raape, Deutsches internationales Privatrecht Ⅰ(Berlin 1938)

—Internationales Privatrecht^5(Frankfurt 1961)

Raape/Sturm, Internationales Privatrecht^6 Ⅰ(München 1977)

Rabel, *The Conflict of Laws—A Comparative Study*, Ⅰ^2(Ann Arbor 1958), Ⅱ^2(Ann Arbor 1960), Ⅲ^2(Ann Arbor 1964), Ⅳ(Ann Arbor 1958)

—Die deutsche Rechtsprechung in einzelnen Lehren des internationalen Privatrechts: Zeitschrift für ausländisches und internationales Privatrecht (später RabelsZ)3(1929)752-757

Raiser, Die Zukunft des Privatrechts(Berlin, New York 1971)

Rau, Neues spanisches Internationales Familienrecht: IPRax 1981, 189-192

Rauscher, Sachnormverweisungen aus dem Sinn der Verweisung: NJW 1988, 2151-2154

Reese, American Choice of Law: *Am. J. Comp. L.* 30(1982)135-146

Reese/Rosenberg, Cases and Materials on Conflicts of Laws^8(Mineola 1987)

Rehbinder, Zur Politisierung des Internationalen Privatrechts: JZ 1973, 151-158

Reinhart, Zur Parteiautonomie im künftigen deutschen internationalen Privatrecht auf den Gebieten des Familien- und des Erbrechts: ZvglRWiss. 80(1981)150-171

Reithmann/Martiny, Internationales Vertragsrecht^4(Köln 1988)

Restatement of the Law of Conflict of Laws Second, hrsg. vom American Law Institute(St. Paul, Minn. 1971)

Rheinstein, Einführung in die Rechtsvergleichung^2, hrsg. von von Borries (München 1987)

—The Place of Wrong: A Study in the Method of Case Law: *Tul. L. Rev.* 19(1944)4-31, 165-199

Rigaux, Droit international privé(Bruxelles 1968)

—Droit international privé, I: Théorié générale (Bruxelles 1977); 2. Aufl. (Bruxelles 1987)

—Droit économique et conflits de souverainetés: RabelsZ 52 (1988) 104-156

Rüthers, Allgemeiner Teil des BGB⁶ (München 1986)

Savigny, System des heutigen Römischen Rechts VIII (Berlin 1849; unveränderter Neudruck Darmstadt 1956)

Schack, Rechtswahl im Prozeß?: NJW 1984, 2736-2740

Schlosshauer-Selbach, Internationales Privatrecht, Eine Einführung in die Grundlagen und das System der Fallbearbeitung (Heidelberg 1989)

Schneider, Hans, Gesetzgebung—Ein Lehrbuch (Heidelberg 1982)

Schnyder, Anton K. , Das neue IPR-Gesetz (Zürich 1988)

—Interessenabwägung im Kollisionsrecht—Zu Brainerd Curries „governmental interest analysis": ZSR 105 (1986) 101-119

Schröder, Jochen, Internationale Zuständigkeit (Opladen 1971)

Schurig, Kollisionsnorm und Sachrecht—Zu Struktur, Standort und Methode des internationalen Privatrechts (Berlin 1981)

Schwerdtfeger, Welche rechtlichen Vorkehrungen empfehlen sich, um die Rechtsstellung von Ausländern in der Bundesrepublik Deutschland angemessen zu gestalten? (Teilgutachten Ausländerintegration), Gutachten A für den 53. Deutschen Juristentag, in: Verhandlungen des 53. Deutschen Juristentages, I (Gutachten) (München 1980) S. A1-A136.

Schwimann, Grundriß des internationalen Privatrechts (Wien 1982)

—Zum aktuellen Reformstand im internationalen Familienrecht, Die Vorschläge des deutschen Referentenentwurfes 1981: StAZ 1983, 57-65

—Worum geht es bei der geplanten Neukodifikation des IPR?: JuS 1984, 14-18

Scoles/Hay, *Conflict of Laws* (St. Paul 1982)

Shapira, *The Interest Approach to Choice of Law* (The Hague 1970)

Siehr, Grundrecht der Eheschließungsfreiheit und IPR—Zugleich ein

Beitrag zur Lehre vom ordre public:RabelsZ 36(1972)93-115

—Scherz und Ernst im Internationalen Privatrecht—Gedanken zur Vergangenheit,Gegenwart und Zukunft des Kollisionsrechts, in: Festschrift für Imre Zajtay, hrsg. von Graveson/Kreuzer/Tunc/Zweigert(Tübingen 1982)409-437

—Domestic Relations in Europe-European Equivalents to American Evolutions:Am. J. Comp. L. 30(1982)37-71

—„Forum Shopping" im internationalen Rechtsverkehr: ZRvgl. 25 (1984)124-144

—Die lex-fori-Lehre heute, in: A. Ehrenzweig und das internationale Privatrecht,hrsg. von Serick/Niederlander/Jayme (Heidelberg 1986) 35-136

—Ausländische Eingriffsnormen im inländischen Wirtschaftskollisionsrecht: RabelsZ 52(1988)41-103

Simitis,Anmerkung zu BGH 17. 9. 1968:StAZ 1969,12-16

—Zur Namensführung der verheirateten Frau im internationalen Eherecht: StAZ 1971,33-37

—Zur Vaterschaftsfeststellung bei Ausländern:StAZ 1973,177-181

—Zur Reform des internationalen Eheschließungsrechts:StAZ 1975, 237-247

—Über die Entscheidungsfindung im internationalen Privatrecht: StAZ 1976,6-15

Soergel,Bürgerliches Gesetzbuch, Kohlhammer-Kommentar, neu hrsg. von Siebert, Ⅷ[11]: Einführungsgesetz, red. von Kegel (Stuttgart, Berlin,Köln,Mainz 1984)

Statistisches Jahrbuch für die Bundesrepublik Deutschland 1955, Herausgeber:Statistisches Bundesamt(Stuttgart,Köln 1955)

—1987 für die Bundesrepublik Deutschland, Herausgeber: Statistisches Bundesamt(Stuttgart,Mainz 1987)

Staudinger, Kommentar zum Bürgerlichen Gesetzbuch—Einführungsgesetz zum Bürgerlichen Gesetzbuch, Teil 4a: Haager Kindschaftsrecht; Art. 18 und erläutert von Henrich/Kropholler, 10. /11. Aufl. (Berlin

1979)

—Internationales Eherecht(Art. 13-17),erläutert von Chr. von Bar, 12. Aufl. (Berlin 1983)

—Einleitung zu Art. 7u. a., erläutert von Beitzke u. a., 12. Aufl. (Berlin 1984)

—Internationales Sachenrecht, erläutert von Stoll, 12. Aufl. (Berlin 1985)

Studien und Texte zur Theorie und Methodologie des Rechts II, red. von Dubischar(Bad Homburg,Berlin,Zürich 1968)

Sturm,Zur Gleichberechtigung im deutschen internationalen Privatrecht, in:Rechtsvergleichung und Rechtsvereinheitlichung,Festschrift zum fünfzigjährigen Bestehen des Instituts für ausländisches und internationales Privat- und Wirtschaftsrecht der Universität Heidelberg, hrsg. von Wahl/Serick/Niederländer(Heidelberg 1967)155-178

—Durchbruch der Grundrechte in Fällen mit Auslandsberührung— Ein umwalzender Beschluß des Bundesverfassungsgerichts:FamRZ 1972,16-22

—Scheidung und Wiederheirat von Spaniern in der Bundesrepublik— Zum Beschluß des Bundesgerichtshofs vom 19. 4. 1972:RabelsZ 37 (1973)61-79

—Fakultatives Kollisionsrecht—Notwendigkeit und Grenzen,in:Festschrift für Konrad Zweigert zum 70. Geburtstag,hrsg. von Bernstein/Drobnig/ Kötz(Tübingen 1981)329-351

—Parteiautonomie als bestimmender Faktor im internationalen Familien- und Erbrecht,in:Recht und Rechtserkenntnis,Festschrift für Ernst Wolf zum 70. Geburtstag,hrsg. von Bickel/Hadding/Jahnke/Lüke (Köln,Berlin,Bonn,München 1985)637-658

Thesen zur Reform des internationalen Privat- und Verfahrensrechts, im Institut bearbeitet von Basedow u. a., unter Federführung von Dopffel/Siehr:RabelsZ 44(1980)344-366

Thümmel,Das internationale Privatrecht der nichtehelichen Kindschaft— Eine rechtsvergleichende Untersuchung(Berlin 1983)

Twerski,Neumeier v. Kuehner:Where are the Emperor's Clothes?:
Hofstra L. Rev. 1(1973)93-182

Vitta,Il principio dell'uguaglianza tra „lex fori" e diritto straniero:
Riv. trim. dir. proc. civ. 18(1964)1578-1665

—La „lex fori" nei conflitti di leggi:Dir. int. 1964 Ⅰ 301-323

—The Impact in Europe of the American „Conflicts Revolution":Am
J. Comp. L. 30(1982)1-18

Vorschläge und Gutachten zur Reform des deutschen internationalen
Eherechts,vorgelegt im Auftrag der Eherechtskommision des deutschen
Rates für internationales Privatrecht von Wolfgang Lauterbach(Berlin,
Tübingen 1962)

—zur Reform des deutschen internationalen Erbrechts, vorgelegt im
Auftrag der Erbrechtskommission des Deutschen Rates für internationales
Privatrecht von Wolfgang Lauterbach(Berlin,Tübingen 1969)

—zur Reform des deutschen internationalen Kindschafts-,Vormundschafts-
und Pflegschaftsrechts,vorgelegt im Auftrag der Familienrechtskommission
des Deutschen Rates für internationales Privatrecht von Wolfgang
Lauterbach(Berlin,Tübingen 1966)

—zur Reform des deutschen internationalen Personen- und Sachenrechts,
vorgelegt im Auftrag der Zweiten Kommission des Deutschen Rates
für internationales Privatrecht von Wolfgang Lauterbach(Tübingen
1972)

—zur Reform des deutschen internationalen Personen-,Familien- und
Erbrechts,vorgelegt im Auftrag der Ersten Kommission des Deutschen
Rates für internationales Privatrecht von Günther Beitzke(Tübingen
1981)

—zur Reform des deutschen internationalen Privatrechts der außerver-
traglichen Schuldverhältnisse, vorgelegt im Auftrag der Zweiten
Kommission des Deutschen Rates für internationales Privatrecht
von Ernst von Caemmerer(Tübingen 1983)

Wasserstein-Fassberg,The Forum—Its Role and Significance in Choice
of Law:ZvglRWiss. 84(1985)1-44

Weintraub, *Commentary on the Conflict of Laws*³ (Mineola 1986)

Wengler, Internationales Privatrecht (Berlin 1981), Sonderausgabe von: Das Bürgerliche Gesetzbuch mit besonderer Berücksichtigung der Rechtsprechung des Reichsgerichts und des Bundesgerichtshofes, Kommentar, hrsg. von Mitgliedern des Bundesgerichtshofes, Ⅵ 1/2 (Berlin, New York 1981)

—General Principles of Private International Law, in: Rec. des Cours 104(1961-Ⅲ)273-374

Wengler/Kohler, Das Vaterschaftsanerkenntnis des Islamrechts in der neueren Rechtsprechung: StAZ 1978, 173-179

Wieacker, Das Sozialmodell der klassischen Privatrechtsbücher (Karlsruhe 1953)

Wiehölter, Einseitige Kollisionsnormen als Grundlage des Internationalen Privatrechts (Berlin 1956)

—Internationales Nachlaßverfahrensrecht, in: Vorschläge und Gutachten zur Reform des deutschen internationalen Erbrechts (siehe dort) 141-184

—Begriffs- oder Interessenjurisprudenz—falsche Fronten im IPR und Wirtschaftsverfassungsrecht, in: Internationales Privatrecht und Rechtsvergleichung im Ausgang des 20. Jahrhunderts—Bewahrung oder Wende?, Festschrift für Gerhard Kegel, hrsg. von Lüderitz/Schröder (Frankfurt 1977) 213-263

Wolff, Martin, Das internationale Privatrecht Deutschlands³ (Berlin, Göttingen, Heidelberg 1954)

Zöllner, Zivilrechtswissenschaft und Zivilrecht im ausgehenden 20. Jahrhundert: AcP 188(1988)85-100

—Die politische Rolle des Privatrechts: JuS 1988, 329-336

Zur Verbesserung der deutschen Zivilrechtsprechung in internationalen Sachen, Denkschrift vom 26. August 1970: RabelsZ 35(1971)323-331

Zweigert, Internationales Privatrecht und Öffentliches Recht, in: Fünfzig Jahre Institut für Internationales Recht an der Universität Kiel (Hamburg 1965) 124-141

—Besprechung von Vogel, Der räumliche Anwendungsbereich der Verwaltungsrechtsnorm(1965):RabelsZ 31(1967)366-369
—Zur Armut des internationalen Privatrechts an sozialen Werten: RabelsZ 37(1973)435-452

Zweigert/Kötz,Einführung in die Rechtsvergleichung auf dem Gebiete des Privatrechts², I :Grundlagen,II :Institutionen(Tübingen 1984)

索　引

（索引所涉页码为原书页码，即本书边码）

Abstraktheit der Kollisionsnorm　冲突规范的抽象性　84，92 及以下诸页，98，103，122，133，140，146

affirmative Theorie　肯定的理论　15

Aktionendenken　行动思维　96，102

Allseitigkeit　多边性　67 及以下诸页，73 及下页

Alternativanknüpfungen　选择性连结因素　81

—Begünstigungseffekt　促进效应　82

—Schwebeeffekt　浮动效应　82

amerikanische Interessenlehre，siehe Interessenlehre，amerikanische　美国的利益理论，参见利益理论，美国的

Anbau an die unvollkommene Kollisionsnorm　扩展为不完整的冲突规范　94 及以下诸页，123，133

Anerkennung der Eheschließung　对结婚的承认　138

Anknüpfung　连结因素

—als Aufgabe des IPR　作为国际私法使命　4 及下页

—alternative　选择性的　81

—an den Aufenthalt，siehe Aufenthaltsprinzip　以居所为连结因素，参见居所地原则

—an die Staatsangehörigkeit，siehe Staatsangehörigkeitsprinzip　以国籍为连结因素，参见国籍原则

—in Stufen　层级式　41

—objektive—und Parteiautonomie　客观连结因素和当事人意思自治　103 及下页

—Spaltung der—in der Schweiz　瑞士连结因素的分裂　77 及下页

Anknüpfungsverlegenheit des Kollisionsrechts　冲突法连结因素

的困境 102
Anschauungslücke 认知上的差距 24
Anwendungsinteresse 适用上的利益 5 及以下诸页,9 及以下诸页,13,60 及下页,71 及下页,73,72 及下页,92 及下页,108 及下页,113 及以下诸页,117 及下页,130 及以下诸页
Aufenthaltsprinzip 居所地原则
—und Gesetzesreform 与法律改革 23 及下页,39 及下页
—und verfassungswidrige Anknüpfung 与违宪的连结因素 18
Aufgaben des IPR 国际私法的使命 48,52
Ausbau einseitiger Kollisionsnormen zu allseitigen 从单边冲突规范向多边冲突规范的扩充 69,76
Ausländer im Inland 德国境内的外国人 32 及以下诸页,39,72
—Aufenthaltsdauer 居留期限 33
—Massen- und Dauerphänomen 大规模现象和长期现象 40

Batiffol, Henri 亨利·巴蒂福尔 98,101
besseres Recht, Lehre vom "更好的法律"理论 84 及下页
Bewertung von Rechtsordnungen, siehe auch besseres Recht und Qualität 对法律制度的评价,也参见更好的法律和品质 90 及下页
Bucher, Eugen 欧根·布赫 83 注释 249,96,101 及下页注释 315—317

comity 礼让 131
Currie, Brainerd 布雷纳德·柯里 2,5 及以下诸页,11,44,47,52,60,69,91,113,116

Dal Bosco-Fall "达尔·博斯克"案 31
DDR, Funktion des Zivilrechts 德意志民主共和国,民法的功能 62 及下页
denkender Gehorsam 思想上服从 35,37,140
Desinteresse von Rechtsordnungen 法律制度对……无利益 130
Deutsche, Rechtsanwendung nur für— 只对德国人的法律适用 75
Deutscher Rat für IPR 德国国际私法参议会 37 及下页
disinterested state 无利益的国家 7
Doppelehe aus spanischer Sicht 从西班牙法的角度来看构成重婚 27 及以下诸页
Durchstaatlichung des Privatrechts 私法国家化 61

Ehescheidung 离婚 20 及下页，88
—Nichtanerkennung einer deutschen Eheschließung 不承认德国的离婚 26
—Anerkennung 承认 138
—Recht auf— 离婚的权利 28 及以下诸页
—Voraussetzungen 离婚条件 27
Eheschließungsinteresse 结婚利益 28 及以下诸页
Eheverhinderungsinteresse 构成婚姻障碍的利益 29
Ehewirkungsstatut 调整婚姻效力的法律 68
Ehrenzweig, Albert 阿尔伯特·艾伦茨威格 6,113,115
Eingriffsnormen 干预规范 54,62,70
Einseitigkeit 单边性 67 及以下诸页，76
engste Verbindung 最密切联系 13,78
Entscheidungseinklang 判决的一致性 114,131 及下页
Entwurf 草案
—der Hansestädte 汉萨城市同盟草案 74 及以下诸页
—Kühne— 屈内（提交的草案）42
—Regierungs— 政府草案 42 及下页
Ersatzrecht 替代性法律 125 及以下诸页

Ersatzregeln für verfassungswidrige Anknüpfungen 违宪连结因素的替代规则 17 及以下诸页
Erwartungen zum anwendbaren Recht 对应适用的法律的预期 86,125
Fachbedürfnisse, juristische 法律的专业需求 145
fakultatives Kollisionsrecht 任意性冲突法 59,119 及以下诸页，122
false conflict 虚假冲突 7
Familieneinheit, Prinzip der— 以家庭为单位的原则 41
Favor-Gedanke "有利于"思想 81
Formstatut 调整形式的法律 81
forum shopping 挑选法院 104,132
Fremdrechtsanwendung 对外国法的适用 59
Funktionswandel des Privatrechts 私法功能的转变 61 及下页，105
Gastarbeiter 外籍工人 32 及以下诸页
Geltung von Rechtsordnungen 法律制度的施行 81,83 及以下诸页，96 及以下诸页，99 及下页，101 及下页，122,123 注释 393

Gerechtigkeit 正义 78
—internationalprivatrechtliche 国际私法的 13,79 及下页
—übernationale—und lex fori 超国家的正义和法院地法 116
Gerichtsstandvereinbarungen 法院管辖协议 104
Gerichtsstände 法院地
—konkurrierende 并行的 82
—Mehrzahl von— 多个 103
Geschichte des deutschen IPR 德国国际私法的历史 73 及以下诸页
Gesetzeslücke und Interessenjurisprudenz 法律漏洞与利益法学 23
Gesetzesreform 法律改革 36 及下页
—Feststellung der Interessen 利益的确定 38 及下页
Gesetzgebung und Interessenjurisprudenz 立法与利益法学 37 及下页
Gleichberechtigung 平等
—Beitrag der Interessenjurisprudenz 利益法学的贡献 15 及以下诸页
—von Mann und Frau 男女平等 15 及以下诸页
—von Rechtsordnungen 法律制度的平等 73,115
Gleichheitsgebot 平等要求

—kollisionsrechtliche Verarbeitung des— 平等要求的冲突法处理 19
—Vollzug des—durch IPR 通过国际私法执行平等原则 63 及以下诸页
Gleichheitsgedanke 平等思想
—aliud zur Interessenjurisprudenz 对利益法学的异化 65
—Parteiautonomie 当事人意思自治 64 及下页
Gleichheitsinteresse 平等利益 64
—der Frau 妇女的平等利益 18,22
Gleichheitsinteressenten 平等的利害关系方 64,65
governmental interests 政府利益 5 及下页,7 及下页
Grundgesetz 基本法 15 及下页
Grundrechte 基本权利
—Durchbruch der— 基本权利的突破 30
—Grundrechte und kollisionsrechtliche Anknüpfungen 基本权利和冲突法的连结因素 26
Gruppenrecht 群体权利 34
Günstigkeitsprinzip 有利原则 81,83

Heck,Philipp 菲利普·黑克 22 及下页,24,37,140
Heimatrecht, siehe auch Perso-

nalstatut 本国法,也参见属人法
—gegenläufige Interessen 对立的利益 44
—vermutete Verbundenheit mit dem— 推定与本国法有牵连 16 及下页,43,95,133,135
—Verweisung auf—als Ausgangspunkt 以指引本国法为出发点 76
Heimwärtsstreben 努力返家 117
hinkende Ehen, Interesse an der Vermeidung— 对避免出现"跛脚婚姻"的利益 27

Inländer im Ausland als typische Interessenten 作为典型利害关系方的境外德国人 39
Institutionenschutz 制度保护 28
Interesse 利益
—an Allseitigkeit 对于多边性的 72
—an Anwendbarkeit von Scheidungsfolgenrecht 对于适用离婚后果法律的 58
—an Rechtssicherheit 对法律确定性的 45
—an Valutierung deutscher Urteile 对于评估德国判决的 27
—an Vermeidung hinkender Ehen 对避免"跛脚婚姻"的 28 及下页

—der Allgemeinheit 公众的 54, 91 及下页,118,122,134,135 及以下诸页
—der Ausländer im Ausland 国外的外国人的 72
—der Ausländer im Inland 在德国的外国人的 72,75
—der Deutschen im Ausland 国外的德国人的 71,75
—der Deutschen im Inland 国内的德国人的 71,75
—der Eheschließenden 结婚者的 27
—der Frau an Versorgungsausgleich 妇女在养老金均等方面的 89
—der In—und Ausländer am Personalstatut 本国人和外国人在属人法上的 71 及下页
—der Parteien an der Anwendung der lex fori 当事人对适用法院地法的 119,123,134,137
—der Parteien an der Eheschließung 当事人对于结婚的 27
—der Rechtsordnungen 法律制度的 73,115,130
—der Richter 法官的 117
—des Staates 国家的 9 及下页
—des Vaters bei der Legitimation 父亲在准正时的 128
—dritter Personen bei Parteiautonomie 第三人在意思自治中的 109

—Gemein— 公共利益 8
—Gleichheits—der Frau 妇女的平等利益 18,22
—Partei- 当事人利益 27,46,99, 119,123,134,136 及下页
—Spaniens an der Bindung an kirchliches Recht 西班牙人受教会法约束的 28
Interessenberücksichtigung, nachholende 事后补做的利益考量 94
Interessengegensatz zwischen Parteien und Gesetzgeber 当事人与立法者之间的利益冲突 46
Interessen, siehe auch Rechtsanwendungsinteressen 利益,也参见法律适用利益
—Abwägung （对利益的）权衡 44
—an lex fori-Anwendung 对适用法院地法的 117 及以下诸页,120 及以下诸页,134
—Anwendung von Heimatrecht 对适用本国法的 43 及下页
—bei der Rückverweisung 反致时的 135 及以下诸页
—Bewertung （对利益的）评估 39,80,85
—der konkreten Beteiligten,siehe auch Interesse,Partei- 具体参与者的,也参见当事人利益 57,118
—Dritt- bei Wahl der lex fori 选择法院地法时的第三人利益 111
—familien- und erbrechtliche bei Wahl der lex fori 选择法院地法时的家庭法和继承法利益 111
—Feststellung,Bewertung,Abwägung （利益的）确定、评价和权衡 19,21,27 及以下诸页,35,38 及下页,53 及以下诸页,67, 79,128 及下页
—Gegen- bei Rechtswahl im Familien- und Erbrecht 在家庭法与继承法中进行法律选择时的利益冲突 108 及下页
—gegenwärtige reale 当前的实际(利益) 57
—international privatrechtliche 国际私法(利益) 13 及以下诸页,16 及下页,55 及以下诸页, 79,92
—öffentliche,siehe Interesse der Allgemeinheit 公共利益,参见公众利益
—öffentliche und Parteiautonomie 公共(利益)与当事人意思自治 108 及下页
—Ordnungs- 秩序利益 45,66, 91,122
—Parteiautonomie 当事人意思自治 97 及以下诸页
—private und öffentliche 私人

和公共（利益）10

—Verkehrsinteressen 交往利益 45

—Wirklichkeit der—, siehe Realismus （利益的）现实性，参见现实主义

—zukünftige vermutete 将来的推定的（利益）57

—Interessenjurisprudenz 利益法学

—Programm 规划 19,23,24 及以下诸页,34 及以下诸页,37 及下页

—unter verfassungsrechtlichen Vorzeichen 在宪法规定条件下 29

Interessenlehre, amerikanische 美国的利益理论 5,9 及以下诸页

Interessenorientierung im IPR 国际私法中的利益导向 31

Interessenrealismus，siehe auch Realismus 利益现实主义，也参见现实主义 47,52 及以下诸页 79

Interessenschwund 利益损失 92

Interessent, Gemeinwesen als— 作为利害关系方的政治体 61

Interessenten 利害关系方 60 及以下诸页

—Benennbarkeit 可确定性 66

—Richter, Rechtsberater und Wissenschaft 法官、法律顾问和学者的 91

Interessenwertung, ergänzende 补充的利益评估 94 及以下诸页,123

interest analysis, siehe Interessenlehre, amerikanische 利益分析，参见美国的利益理论

Internationalität 国际性

—als Juristenproblem 作为一个法律问题 144

—Interessenlage bei— 国际性中的利益状况 82 及下页,100,103,107,123 注释 393,140 及下页

—von Sachverhalten 案件情势的国际性 49,64,82,100,103 及下页,107,123 注释 393,140,144

interpersonales Privatrecht 人际私法 34

IPR 国际私法

—als Kompetenzordnung 作为管辖权制度 48

—als Privatrecht 作为私法 47 及下页,51,99,142,147

—als Sozialordnung 作为社会制度 49,82

—als Zuteilungsordnung 作为分配制度 49,64 及下页,81,122,128,144

IPR-Gerechtigkeit, siehe Gerechtigkeit, internationalprivatrechtliche

国际私法正义,参见正义,国际私法的

Joerges, Christian 克里斯蒂安·乔格斯 61,105 注释㉚,106 注释㉛

Kahn-Freund, Otto 奥托·卡恩-弗洛因德 119

Kegel, Gerhard 格尔哈特·克格尔 1 及以下诸页,13 及以下诸页,16,19,23,29,36 及下页,38 及下页,40,45 及以下诸页,47,52 及以下诸页,66,69,77,80,98,110

Kegelsche Leiter 克格尔阶梯 41

Kollisionsnorm 冲突规范

—abstrakte 抽象的 92 及下页

—unvollständige 不完整的 94

Kollisionsnormen 冲突规范

—allseitige 多边的 67 及以下诸页

—Ausbau zu allseitigen Normen 扩充为多边规范 68 及下页,76

—einseitige 单边的 67 及以下诸页

Kollisionsrecht 冲突法

—fakultatives—, siehe fakultatives Kollisionsrecht 任意性的冲突法,参见任意性冲突法

—objektives— und Parteiautonomie 客观冲突法和当事人意思自治 101,103 及下页

—Selbstgerechtigkeit des— 冲突法的自以为是 146

Konsens der Beteiligten, siehe auch Parteiautonomie 当事人的合意,也参见当事人意思自治 28

Koordination von Rechtsordnungen 法律制度的协调 81

Kühne, Gunther 贡特尔·屈内 36,42,98,100,102 及下页,108

—Entwurf eines IPR-Gesetzes （屈内的)国际私法立法草案 42

Legitimation 准正 127

lex fori 法院地法 113 及下页

—als Ersatzrecht 作为替代性法律 125 及下页

—als Grundregel 作为基本规则 113,115

—Anwendungsinteresse der— 适用法院地法的利益 5

—im amerikanischen Kollisionsrecht 美国冲突法中的 113 及下页

—Interessen an der Anwendung der— 对适用法院地法的利益 117 及以下诸页,120 及下页,124 及下页,135 及以下诸页

—kontinentaleuropäische Theorie 欧洲大陆理论 114

—übernationale Gerechtigkeit 超国家的正义 116

—und Rückverweisung 与反致

134 及以下诸页
—Vertrauensschutz 对信任的保护 125
—Wahl der— 选择 111 及以下诸页
Lorenz, Egon 埃贡·洛伦茨 63, 65, 98
Lüderitz, Alexander 亚历山大·吕德里茨 14

Massenhafte Anwendung des deutschen IPR 广泛地适用德国国际私法 33 及以下诸页
materielle Rechtssätze, internationale Reichweite 实体法律规则, 国际范围内的 9
Menschlichkeit des IPR 国际私法的人本性 147
Mincke, Wolfgang 沃尔夫冈·明克 101
Müller-Graff, Peter-Christian 彼得-克里斯蒂安·米勒-格拉夫 119

Neutralität des IPR 国际私法的中立性 16, 17
Normanwendung 规范的适用
—im anhängigen Verfahren 在未审结的诉讼程序 58 及下页
—und besseres Recht 与更好的法律 86
normative Betrachtung von Privatrechtsverhältnissen 私法关系的规范性考察 96
Normativität, objektive 规范性, 客观的 83
Normbildung 规范的形成
—Lehre vom besseren Recht "更好的法律"理论 85 及下页
—und Normanwendung, Differenzierung 与规范适用, 区别化 57

Ordnungsinteresse 秩序利益 91
Ordnungscharakter des internationalen Privatrechts 国际私法的秩序特征 16 及下页

Parteiautonomie 当事人意思自治 46, 97 及以下诸页, 103 及以下诸页
—als Verlegenheitslösung 作为解除困境的 46
—blinde Rechtswahl 盲目的法律选择 110
—Entwicklung aus Interessenlehre 从利益理论中的发展 99
—im internationalen Familien- und Erbrecht 国际家庭法和继承法中的 107 及以下诸页
—im Sachenrecht 物权法中的 112
—Prozeßverhalten der Parteien 当事人的诉讼行为 121 及下页

—Schutz der Schwachen und Unerfahrenen 对弱者和缺乏经验者的保护 109 及下页

—Schweigen der Parteien 当事人的默示 121

—subjektives Gestaltungsrecht 主观上的形成权 101

—und objektive Anknüpfung 与客观连结因素 103 及下页,112

—und öffentliche Interessen 与公共利益 108

—Wahl der lex fori 对法院地法的选择 111,124 及下页

—Willensmängel 意思表示的瑕疵 109

Parteiwille, siehe Parteiautonomie 当事人的意思表示,参见当事人意思自治

Personalstatut bei In- und Ausländern, siehe auch Heimatrecht 本国人和外国人的属人法,也参见本国法 71,76 及下页

Pluralität von Recht 法律的多元性 50 及下页,82,100

policies, siehe Rechtszwecke 政策,参见法律目标

Politische Schule des IPR 国际私法的政策学派 61,63,105,106 及下页

Praxis, juristische und IPR 司法实践与国际私法 141 及下页

Qualität 品质
—der Rechtsanwendung 法律适用的 59
—der Rechtsordnungen 法律制度的 85,87

quantitative Bedeutung des IPR 国际私法在数量上的重要性 43

Raape, Leo 雷欧·拉佩 137

Realismus 现实主义
—Auswirkungen 影响 67
—bei einseitigen und allseitigen Kollisionsnormen 单边和多边冲突规范中的 69 及下页
—bei Normbildung und Normanwendung 规范形成及规范适用时的 57 及以下诸页
—Grundsatz 原则 53,56
—im IPR 国际私法中的 47,141 及以下诸页,145,147
—und amerikanische Interessenlehre 与美国利益理论 8 及下页
—und Anbau an die Kollisionsnorm 与冲突规范的拓展 96
—und besseres Recht 与更好的法律 85 及下页
—und Fiktionen 与虚构 66
—und Interesse von Rechtsordnungen 与法律制度的利益 115
—und Interessen 与利益 54 及以下诸页
—und Interessen der Rechtsanwender

与法律适用者的利益 143 及下页,145

—und Interessenten 与利害关系方 60 及下页,62

—und Internationalität 与国际性 63 及下页,144

—und IPR-Gerechtigkeit 与国际私法正义 79 及下页

—und Parteiautonomie 与当事人意思自治 99 及下页

—und politische Schule des 与国际私法政策学派 62,105 及下页

—und Renvoi 与反致 130,135,137,138

—und Vertrauensschutz 与对信任的保护 125

realistische Interessenjurisprudenz, siehe Realismus 现实主义利益法学,参见现实主义

Recht auf Eheschließung, siehe Eheschließung 结婚的权利,参见结婚

Rechtsanwendungsinteressen, siehe auch Interessen 法律适用利益,也参见利益

—der beteiligten Staaten 当事各国的 7

—der Frau 妇女的 17

—sachrechtlich motivierte 实体法动机的 55

Rechtsanwendungskonkurrenz 法律适用上的竞争 9,142,144,145

Rechtsetzung 立法 37

Rechtsvielfalt, siehe Pluralität von Recht 法律的多样性,参见法律的多元性

Rechtswahl, siehe auch Parteiautonomie 法律选择,参见当事人意思自治

—um der Qualität des Rechtes willen 为了法律的品质 86

Rechtswahlfreiheit, siehe Parteiautonomie 法律选择自由,参见当事人意思自治

Rechtswahlklauseln 法律选择条款 55

Rechtszwecke 法律目标 12

—Ermittlung von— 法律目标的确定 8

Regelbildung 规则的形成 6

Regierungsentwurf 政府草案 42 及下页

Relativität der Anknüpfung 连结因素的相对性 132

Renationalisierung von Rechtsfragen 法律问题的再国家化 51

renvoi, siehe Rückverweisung 反致

Respektierung ausländischer Standpunkte 对外国立场的尊重 28

Richter, Aufklärungspflicht 法官,释明义务 121 及下页

rückständiges Recht 滞后的法

律 88
Rückverweisung 反致 129 及以下诸页
—comity 礼让 131
—Desinteresse von Rechtsordnungen 法律制度对……无利益 130
—lex fori 法院地法 134
—Relativität der Anknüpfung 连结因素的相对性 132
—Schweiz 瑞士 138
—versteckte— 隐藏的反致 132,137
—Wertungsanbau 扩展评估 133

Savigny, Friedrich Karl von 弗里德里希·卡尔·冯·萨维尼 68,73,114
Scheidung, siehe Ehescheidung 离婚
Schurig, Klaus 克劳斯·舒里希 92,123 及下页
Schutz der Schwachen und Unerfahrenen bei Parteiautonomie 在当事人意思自治的同时保护弱者和缺乏经验者 109 及以下诸页
Schwebezustand 浮动状态 84
Schweigen der Parteien 当事人的默示 121
Schweiz 瑞士 31,77 及下页,137
—Kodifikation des IPR 国际私法的编纂 139
—Rückverweisung 反致 139
—Spaltung der Anknüpfung in der— 连结因素在瑞士的分裂 77
Segregation 隔离 34
selbstgerechte Sachnorm 自以为是的实体规范 69
Selbstgerechtigkeit des Kollisionsrechts 冲突法的自以为是 146
Sieveking, Ernst Friedrich 恩斯特·弗里德里希·西维金 74
Sonderanknüpfung, siehe zwingendes Recht 特别连结因素,参见强制性法律
Sozialbeziehungen, Internationalität von— 社会关系的国际化 49
Sozialversicherung 社会保险 89 及下页
Spanien 西班牙 28,88
Spanier-Entscheidung "西班牙人案"判决 26 及以下诸页,56,87
Staatsangehörigkeit des Mannes, Anknüpfung an die— 以丈夫的国籍为连结因素 17
Staatsangehörigkeitsprinzip 国籍原则
—als Strukturelement 作为结构要素的 89
—Ausländer im Inland 德国境内的外国人 33 及以下诸页
—Gesetzesreform 法律改革 40 及下页
—Rückverweisung 反致 133

—verfassungswidrige Anknüpfung 违宪的连结因素 19 及下页

—Vorstellungen des historischen Gesetzgebers 历史上的立法者的主张 24

state policy 国家政策 7

statistische Erhebungen, Fehlen von—bei der Gesetzesreform 法律改革时缺乏统计调查 38

Steuerungsfunktion des Privatrechts 私法的控制功能 105

Trennung von Staat und Gesellschaft 国家与社会的分离 61,106

Überangebot von Recht 法律的供过于求 50,143

Unbestimmtheit des maßgebenden Rechts 准据法的不确定性 84

Vaterschaftsanerkenntnis 对父亲身份的承认 127

Verbot 禁止
—der Doppelehe, siehe Doppelehe （禁止）重婚，参见重婚
—der Erfindung von Interessen （禁止）捏造利益 53
—der Interessenleugnung （禁止）否认利益 53

Verbotsgesetze 禁止性法律 54

verfassungskonformer Restbestand 符合宪法的其余部分 20,89

Verfassungsrecht 宪法 30

verfassungswidriges Kollisionsrecht 违背宪法的冲突法 15 及以下诸页，88 及以下诸页

Verknüpfung, siehe auch Anknüpfung 联系因素，也参见连结因素
—heterogene 异质的 63
—homogene 同质的 63

Versorgungsausgleich 养老金补偿 88,94 及下页

Vertrag, objektive Anknüpfung 客观性连结因素合同 103

Vertragsrecht, internationales 国际合同法 98 及下页

Vertrauen 信任
—und lex fori 与法院地法 125
—von Beteiligten 当事人的 94

Verweisungsnorm, siehe Kollisionsnorm 指引规范，参见冲突规范

Weiterentwicklung der Interessenjurisprudenz 利益法学的进一步发展 52 及下页

Weiterverweisung 转致 137 及下页

Wengler, Wilhelm 威廉·文格勒 63,65

Wertungsanbau, siehe Anbau 扩展评估，参见扩展

Wertungsjurisprudenz 评价法学

25,140

Wiederheirat nach Inlandsscheidung 国内离婚后的再婚 30

Wiethölter, Rudolf 鲁道夫·维特赫尔特 61,106 注释㉚

Willensmangel bei Parteiautonomie 当事人意思自治时的意思表示瑕疵 109 及下页

Wirklichkeit der Interessen, siehe Realismus 利益的现实性,参见现实主义

zwingendes Recht 强制性法律 54,62,69 及以下诸页,105, 108 及以下诸页

Zwischenprivatrecht 间际私法 34

图书在版编目(CIP)数据

国际私法中的利益法学/(德)阿克塞尔·弗莱斯纳著;邹国勇译.—北京:商务印书馆,2024
ISBN 978-7-100-24045-1

Ⅰ.①国… Ⅱ.①阿…②邹… Ⅲ.①国际私法—研究 Ⅳ.①D997

中国国家版本馆 CIP 数据核字(2024)第 109100 号

权利保留,侵权必究。

国际私法中的利益法学
〔德〕阿克塞尔·弗莱斯纳 著
邹国勇 译

商务印书馆出版
(北京王府井大街36号 邮政编码100710)
商务印书馆发行
北京市十月印刷有限公司印刷
ISBN 978-7-100-24045-1

2024年10月第1版　　开本 880×1230　1/32
2024年10月北京第1次印刷　印张 7¼
定价:78.00元